Wien

Früher und Heute

Wien
Früher und Heute

KOMET

Inhalt

© KOMET Verlag GmbH, Köln
www.komet-verlag.de
Gesamtproducing: twinbooks, München (Jennifer Künkler)
Text: Astrid Meissner
Übertragung ins Englische: Péa Eigler
Gesamtherstellung: KOMET Verlag GmbH, Köln

ISBN 978-3-86941-192-7

Einleitung

Wien, Wien, nur du allein ... – „Wir Wiener blicken vertrauensvoll in unsere Vergangenheit.", hat Karl Farkas, ein bekannter österreichischer Kabarettist einmal gesagt. Und wenn wir das tun, dann ist es eine lange Zeit, auf die die Einwohner der Stadt zurückschauen können.

Denn die Gründung Wiens, die auf das Römerlager Vindobona zurückgeht, liegt schon fast 2000 Jahre in der Vergangenheit. Bereits im ersten Jahrhundert nach Christus lag an der Stelle, wo heute das Zentrum Wiens ist, ein römisches Militärlager. Erstmals wurde Wien 881 urkundlich erwähnt. Damals fand hier eine Schlacht gegen die Magyaren statt. Mit der Regentschaft der Babenberger entstand die Markgrafschaft Ostaricchi, in deren Landesgrenzen auch Wien fiel. Schließlich war es 1155 auch der Babenberger Heinrich Jasomirgott, der Wien zu seiner Hauptstadt erklärte. Ein Jahr später wurde die Stadt Sitz des Herzogs. Und seit diesem Zeitpunkt hat die Einwohner der Stadt sehr viel bewegt. Besonders aber wurden Wien und sein Stadtbild von der Kaiserzeit geprägt. Nach den beiden Türkenbelagerungen 1529 und 1683 setzte in Wien rege Bautätigkeit ein. Im Barock entstanden viele bedeutende Gebäude, die die Zeit bis heute überdauert haben. Das Belvedere, die Karlskirche, die Peterskirche, das Palais Harrach und zahlreiche weitere Kirchen, Schlösser und Palais entstanden, die bis heute den Widrigkeiten der Zeit standhalten konnten. Und überall erinnert sich Wien bis heute an seine Kaiser und Kaiserinnen. Verstreut in allen Bezirken finden sich Denkmäler und Gedenkstätten. Denn auch wenn die Zeiten der großen Herrscher nicht immer glorreich waren, so denkt die Wiener Bevölkerung doch gerne an Kaiserin Maria Theresia (1717–1780), den volksnahen Kaiser Joseph II. (1741–1790) und natürlich an Kaiser Franz Joseph I. (1830–1916) und seine Sissi (1837–1898) zurück. Ein besonderer Ort dieser Erinnerung ist auch die Kaisergruft, die inmitten des Stadtzentrums vielleicht auch einen Hauch des morbiden Charmes von Wien zu widerspiegeln vermag.

Doch neben viel Glanz erlebte Wien auch seine Schattenseiten. Krieg und Krankheiten brachten Zerstörung und Tod über die Stadt. Zwei Pestepidemien rafften Tausende Menschen dahin. Doch allem Unheil zum Trotz wuchs die Stadt kontinuierlich weiter. Schließlich hinterließen im 20. Jahrhundert der Erste und Zweite Weltkrieg deutliche Spuren. Kaum ein Gebäude, das der Zerstörung entging. Der Stephansdom, das Wahrzeichen Wiens, lag in Trümmern. Die Innenstadt wurde zu einem Bild der Verwüstung. Doch der Wiederaufbau gelang und heute erstrahlt Wien in neuem Glanz. Wien wächst weiter, immer mehr neue Gebäude entstehen und alte Bauten bekommen einen neuen Verwendungszweck. So wird aus einem alten Gaswerk ein Einkaufszentrum und aus einem alten Warenhaus ein aufregendes Gebäude der Moderne inmitten der Wiener City. Und an dem Zitat von Karl Farkas hat sich bis heute nichts geändert. Bis heute blicken die Wiener vertrauensvoll in ihre Vergangenheit, aber sie haben auch allen Grund optimistisch in die Zukunft zu blicken. Wien ist eine Stadt, die in ständiger Entwicklung steht, die, wie kaum eine andere, die Epochen ineinander vereint.

Am eindrucksvollsten lassen sich die Geschichten von den Veränderungen der Stadt durch packende Bilder erzählen. 70 Bildpaare in diesem Band dokumentieren Wandel und Kontinuität, machen Wiener Stadtgeschichte lebendig und bieten Stoff zum Nachdenken über die Zukunft. Die eindeutige Sprache, die die einzelnen Bildpaare in ihrem Nebeneinander sprechen, ermöglicht den Blick auf eine verborgene Vergangenheit und lässt die Gegenwart in einem neuen Licht erscheinen. Entdecken Sie Wien, wie es vielfältiger und bemerkenswerter nicht sein könnte – früher und heute.

Ein Buch, das nachdenklich macht – Bilder, die uns die Augen öffnen.

Bekanntes Ausflugsziel Das Hundertwasserhaus, benannt nach Friedensreich Hundertwasser (1928–2000), der das Gebäude ausgestaltete, ist eine der Hauptattraktionen der Donaustadt.

Introduction

Oh, Vienna ... – "The Viennese look expectantly to the past", Karl Farkas, a well-known Austrian comedian, once said. And there is certainly an awful lot of history to look back to.

The origins of the proud city of Vienna can be traced back to the Roman camp Vindobona, almost 2,000 years ago. In the first century A.D., a Roman military camp occupied the area which is now the city centre. First records date back to the year 881, when a battle against the Magyars took place here. Under the rule of the Babenberger, the Margraviate Ostaricchi was created, which included Vienna. It was the Babenberger Heinrich Jasomirgott who chose Vienna as the capital in 1155. A year later, it became home to the duke.

Since that time, the Viennese have experienced remarkable ups and downs, but one of the main eras of history that shaped Vienna and its architecture was the time of the Austrian Emperors. After two Turkish invasions (in 1529 and 1683), a building boom began. Many architecturally significant buildings we still see today were created during the Baroque period: the Belvedere, the Karlskirche (St. Charles's Church), the Peterskirche (St. Peter's Church), the Palais Harrach, to name but a few churches, castles, and palaces which have survived the ravages of time. All over Vienna, there are mementos of emperors and empresses. Monuments and statues can be found in every part of town, in each district. For even though the times of the great rulers were not always joyful and glorious, the Viennese will always remember Empress Maria Theresia (1717–1780), popular Emperor Joseph II (1741–1790), and of course Emperor Franz Joseph I (1830–1916) and his "Sissi" (1837–1898) with great fondness. A special place of remembrance is the Imperial Crypt, which perhaps reflects some of Vienna's morbid charm.

But Vienna's history is not just one of glory; the city had its fair share of tragedy over the centuries. War and disease brought destruction and death. Two plague epidemics cost the lives of thousands of citizens. Nevertheless, the city continued to grow. In the 20th century, WWI and WWII left their devastating marks, so that hardly a building remained unscathed. St. Stephen's Cathedral, probably Vienna's foremost landmark, lay in ruins. The city centre suffered extensive damage, but the rebuilding process began shortly after the war, and today Vienna is restored to its former glory once more. The city is still growing, modern new buildings spring up like mushrooms, and old ones find new purposes. An old gasworks is turned into a shopping centre; a former department store becomes an exciting modern edifice in the middle of the city. And Karl Farkas's words still ring true today. The Viennese are still looking expectantly into the past, but they also have good reason to look optimistically to the future. Vienna is a city in constant flux which melds historic epochs like no other.

When imparting the changing history of this fine city, stunning pictures are a most useful tool. In this book, 70 double illustrations document flux and continuity, bring Vienna's history to life, and provide food for thought with regards to the future. Side by side, the pictures speak a clear language, opening a window to a hitherto hidden past and allowing a new perspective of the present. Discover the whole plethora of what truly makes Vienna a unique place – in the past and the present.

A book that inspires – pictures that open our eyes.

A Famous Landmark The "Hundertwasserhaus", named after world-famous artist Friedensreich Hundertwasser who designed the building, is one of the main tourist attractions in the city on the Danube.

Stadt der Kirchen Fast majestätisch wirkt der Anblick über die Dächer der Stadt mit ihren beiden großen Kirchen, dem Stephansdom und der Peterskirche, in der abendlichen Dämmerung. Die architektonische und kulturelle Vielfalt an Gotteshäusern, die Wien zu bieten hat, sucht weltweit ihresgleichen.

City of Churches The view across the rooftops towards a dramatic sky as the two grand churches St. Stephen's Cathedral and Peterskirche catch the evening sun is nothing short of majestic. The architectural and cultural variety of Vienna's church buildings is unparalleled in the world.

Stadtbild im Wandel

Gegensätzliches Wien ist eine Stadt der vielen Gesichter: So geschichtsträchtig sie auf der einen Seite auch sein mag, so jung und modern zeigt sie sich in einem anderen Licht. Dies spiegelt sich auch in ihrer städtebaulichen Entwicklung wider. Werden einige historische Gebäude behutsam gepflegt und restauriert, ändert sich an anderen Ecken das Bild ganzer Straßenzüge komplett. Oftmals entsteht aber auch ein harmonisches Miteinander von alter Bausubstanz und moderner Architektur.

Juxtapositions Vienna is a city of many faces: steeped in history on the one hand, young and modern on the other. This is also reflected in its architectural development. Many historically significant buildings have been lovingly preserved and restored, but in other parts of the city, entire streets changed completely. This frequently creates a symbiotic juxtaposition of old structures and modern architecture.

Wien
Eine Stadt besticht durch Tradition und Moderne

Um 1600 Der Kupferstich zeigt das Wien längst vergangener Tage. Der Stephansdom ist vom anderen Ufer der Donau gut sichtbar. Wo heute Wohnhaussiedlungen liegen, sind zu dieser Zeit nur Felder und Wälder. Nach den Türkenbelagerungen beginnt die Stadt sich zu entwickeln. Besonders geprägt wird das Stadtbild vom Barock: Im 17. Jahrhundert entstehen Palais und Wohnhäuser. Auch jenseits der Stadtmauern beginnt der Bau neuer Siedlungen. Die Bevölkerungszahl steigt ständig. Als die Pest um sich greift, werden die hygienischen Zustände in der Stadt durch den Ausbau von Kanalisation und Straßenreinigung stark verbessert. 1850 wird Wien um die Vorstädte erweitert.

Vienna
Around 1600 This etching depicts Vienna in days gone by. The City began to develop after the invasions of the Turks. During the Baroque era, palaces and residences were built, new settlements developed outside the city walls, and the population increased constantly. As a consequence of the plague, an innovative sewage system improved hygiene. From 1850, suburbs added to Vienna's size.

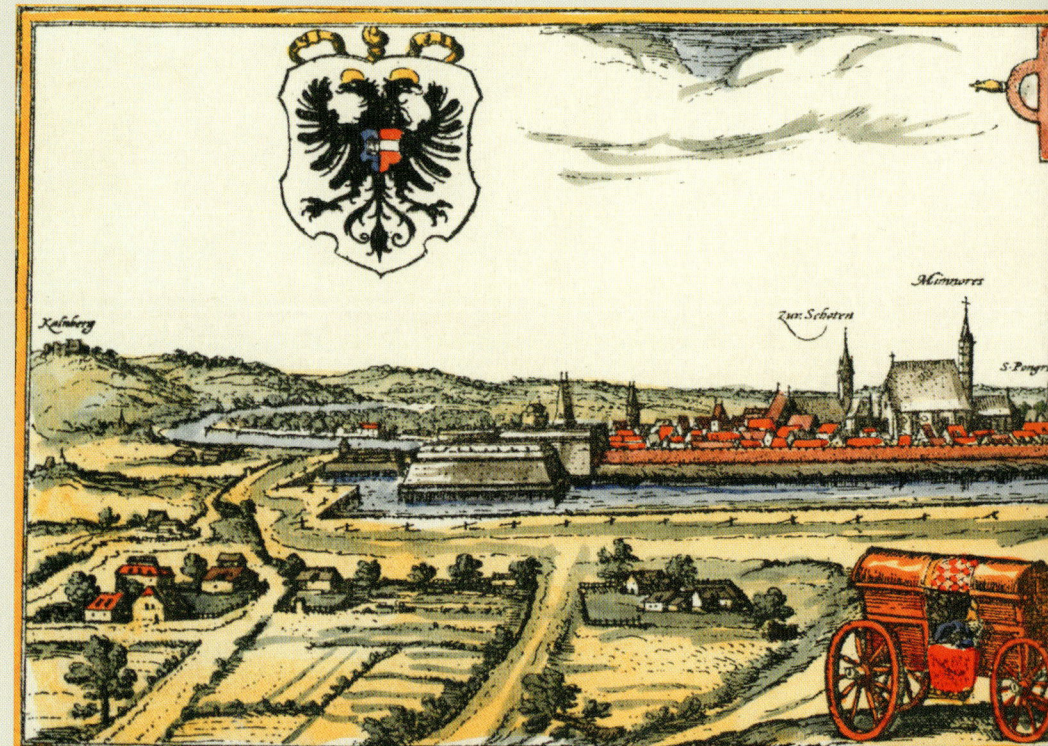

Eine Stadt im Wandel Besonders Mitte des 19. Jahrhunderts wächst die Wiener Bevölkerung. Es ist das Zeitalter der Industrialisierung: 1910 hat Wien bereits zwei Millionen Einwohner. Schließlich setzt die Zeit des sozialen Wohnbaus ein, in Wien entstehen zahlreiche Gemeindebauten. Auch nach den beiden Weltkriegen geht das Stadtbild Wiens nicht verloren. Historische Gebäude werden wieder aufgebaut. Zusätzlich prägen viele Neubauten heute das Panorama der Stadt. An der Donau finden sich einige markante Hochhäuser: Der Donauturm, die Millennium-City und das Vienna International Centre sind heute ebenso Blickpunkte wie der Stephansdom oder die Karlskirche.

A City Changes Vienna's population increased particularly quickly during industrialisation in the mid-1900s. Around 1910, Vienna had 2 Mio inhabitants, and social housing was booming. After the two World Wars, historical buildings were renovated. Today, many modern buildings add to the cityscape, e. g. some striking skyscrapers along the Danube: the Donauturm, Millennium City, and the Vienna International Centre.

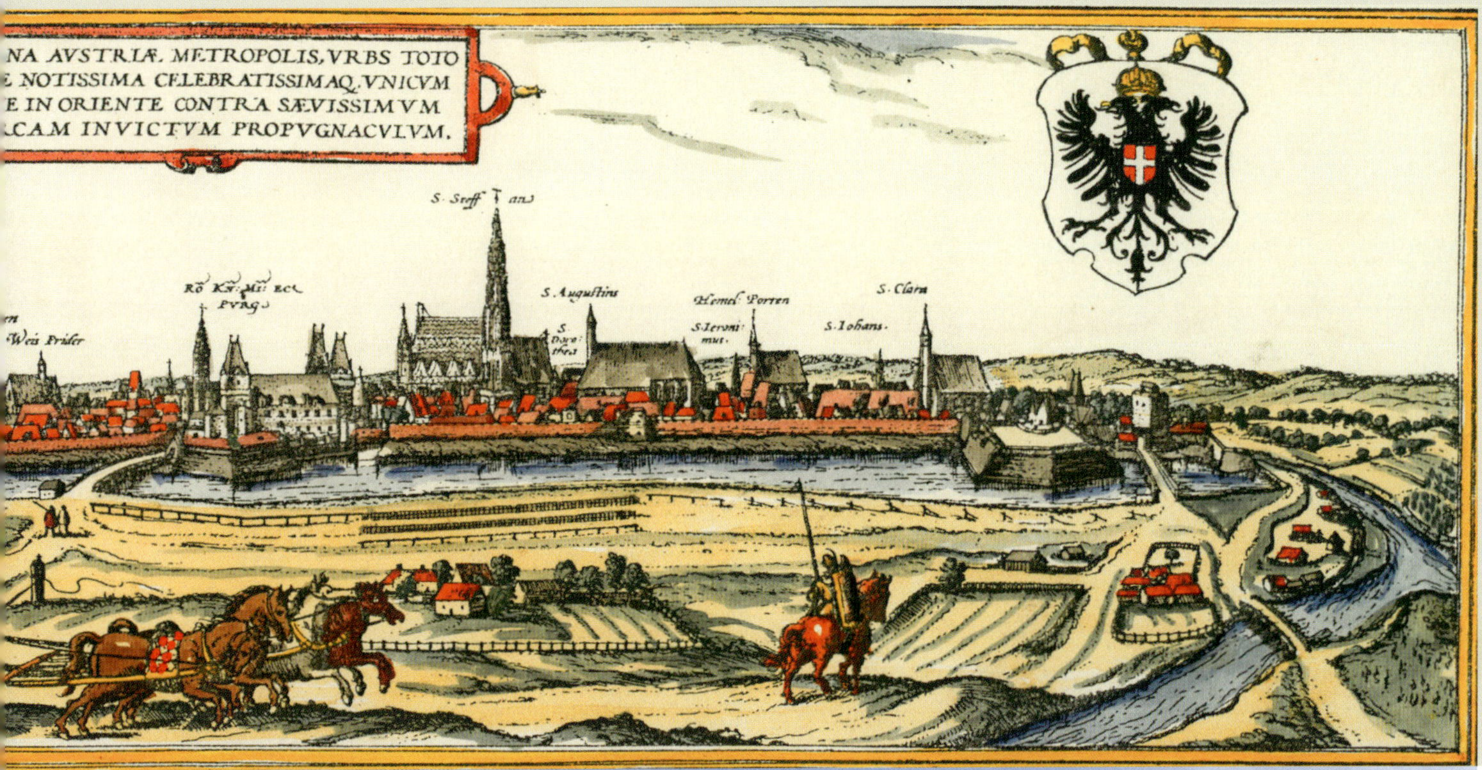

NA AVSTRIÆ METROPOLIS, VRBS TOTO
E NOTISSIMA CELEBRATISSIMAQ. VNICVM
E IN ORIENTE CONTRA SÆVISSIMVM
RCAM INVICTVM PROPVGNACVLVM.

UNO-City
Der Sitz der Vereinten Nationen entsteht

August 1976 Noch ist die UNO-City eine Großbaustelle. Künftig werden hier auf 17 Hektar Grundfläche mehrere internationale Organisationen ihren Sitz haben, darunter die Internationale Atomenergieorganisation (IAEO), das Büro für Drogenkontrolle und Verbrechensverhütung und die UNCITRAL, die Kommission der Vereinten Nationen für Internationales Handelsrecht. Nach ihrer Gründung 1957 richtete die IAEO ihren Sitz im Wiener Grand Hotel ein. 1967 ließ sich auch die Organisation der Vereinten Nationen für Industrielle Entwicklung (UNIDO) im Felberhaus beim Rathaus nieder. Im selben Jahr beschließen die Stadt Wien und die Bundesrepublik Österreich die Errichtung des Gebäudekomplexes UNO-City im 22. Bezirk jenseits der Donau.

UNO City

August 1976 UNO City is still a huge construction site. 17 hectares of land will be home to various international organisations, e. g. the International Atomic Energy Agency (IAEO), and the United Nations Commission on International Trade Law (UNCITRAL). Founded in 1957, the IAEO had its offices in the Vienna Grand Hotel. By 1967, the United Nations Industrial Development Organization (UNIDO) found a home close to the Rathaus (city council), prompting the city and the Austrian Republic to embark on the construction of UNO City in the 22nd district.

Der Amtssitz wird offiziell Das nach Plänen des österreichischen Architekten Johann Staber (* 1928) errichtete Gebäude wurde 1979 nach sechsjähriger Bauzeit fertiggestellt. 580 Millionen Euro verschlang der Bau der UNO-City, deren offizieller Name Vienna International Centre lautet. Trotz der beacht-lichen Grundfläche vergrößerte sich die UNO-City einige Jahre später noch. Zwischen 1983 und 1987 erhielt die UNO-City einen Konferenzraum, der 6000 Teilnehmern Platz bietet. Auch diesen Bau entwarf Staber. Mit der UNO-City Wien gründeten die Vereinten Nationen ihren dritten offiziellen Amtssitz. Über 4000 Menschen aus über hundert Ländern arbeiten heute hier. Übrigens zahlen die Vereinten Nationen auch einen Pachtzins: 7 Cent pro Jahr.

Official UNO Residence Based on Austrian architect Johann Staber's design, UNO City (a. k. a. Vienna International Centre) was completed in 1979 and cost the equivalent of 580 million Euro. Despite its enormous size, it continued to grow, and a new conference hall with 6,000 seats was completed in 1987. UNO-City Vienna is the United Nations' third official residence, and more than 4,000 people from over 100 countries work here.

Donauinsel
Ein Hochwasserschutzprojekt als Freizeitparadies

1976 In diesem Jahr befand sich das Projekt Donauinsel mitten im Bau. Es sollte das Problem der häufig auftretenden Hochwasser endgültig lösen. Durch die künstlich aufgeschüttete Insel zwischen der Donau und einem stehenden Gewässer wollte man die Nebenrinne bei Hochwasser fluten. Die Insel selbst bleibt dabei aber im Trockenen. Schon bei der Planung stand fest, dass die Donauinsel auch ein gut erreichbares Freizeitparadies mitten in der Stadt werden könnte. Nach einer Gesamtbauzeit von 16 Jahren wurde sie schließlich 1988 fertiggestellt. Der 200 Meter breite Landstreifen ist über 21 Kilometer lang, und aus der Insel hat sich schnell eines der beliebtesten Naherholungsgebiete der Wiener entwickelt.

Donauinsel
1976 The "Donauinsel" project was designed to provide a solution for frequent flooding problems. The "trench" between this artificial island in the Danube and a body of standing water works as a channel for floods, with the island remaining above the water level. After 16 years, it was finally completed in 1988. One of the most popular local recreation areas, it stretches over 21 kilometres and is 200 meters wide.

Coole Kneipenszene und stille Natur
Im Jahr 1982 eröffnete die U-Bahn-Station Donauinsel. Nachdem sechs Jahre zuvor die Reichsbrücke eingestürzt war, wurde der Bau der Haltestelle beschleunigt, und die U1-Station konnte in die neue Brücke integriert werden. Bereits in den 1980er-Jahren entwickelte sich in Nähe der Reichsbrücke eine rege Kneipenszene, die sogenannte Copa Cagrana. Der Name setzt sich aus dem angrenzenden Stadtteil Kagran und der brasilianischen Copacabana zusammen. Neben Lokalen finden sich auf der Insel Grillplätze, Sportstätten, Rad- und Fußwege, aber auch naturbelassene Stellen. So finden hier Eisvögel, Biber und Rehe eine Heimat. Einmal jährlich wird auf der Insel groß gefeiert: Das Donauinselfest zieht mit zahlreichen Liveacts Tausende begeisterte Fans an.

Trendy Nightlife and Quiet Nature
The Donauinsel underground station opened in 1982. After the collapse of the Reichsbrücke six years previously, the construction of the station was accelerated and the station was integrated in the new bridge. In the 80s, the so-called "Copa Cagrana", a newly developing lively nightlife area boasted bars, bbq areas, sports facilities, bicycle and foot paths, as well as green areas. These are home to kingfishers, beavers, and game. Numerous live acts attract thousands of fans to the annual Donauinselfest.

Müllverbrennungsanlage Spittelau
Ein Kunstprojekt sorgt für Furore

1987 Nach einem Brand befindet sich die Müllverbrennungsanlage Spittelau im Umbau. Bei den Modernisierungsmaßnahmen
erhält sie unter anderem eine Rauchgasreinigungsanlage. Die
Müllverbrennungsanlage wurde bereits 1971 erbaut. Mit jährlich
250 000 Tonnen Müll, die hier verbrannt werden, ist die Anlage
Spittelau die größte in Wien. Die durch die Müllverbrennung
gewonnene Wärme wird als Fernwärme an die angeschlossenen
Wiener Haushalte verteilt. Neben den technischen Neuerungen
erhält auch die ursprünglich schlichte Fassade der Anlage ein
neues Gesicht. Der bekannte österreichische Künstler Friedensreich Hundertwasser (1928–2000) ist für ihre Neugestaltung verantwortlich.

Waste Incineration Facility Spittelau
1987 After a fire, the waste incineration facility Spittelau, built
in 1971, is modernised. Dealing with 250,000 tons of waste
a year, it is the largest in Vienna. The heat produced here is
distributed to numerous Vienna households. Technical innova-
tion is complemented by the new design of the exterior,
created by famous Austrian artist Friedensreich Hundertwasser.

Eine Symbiose aus Kunst und Technik Hundertwasser gelingt es, aus dem funktionellen Bau ein Kunstwerk zu machen. Eine einzigartige Symbiose aus Technik und Kunst entsteht, die zu einer der Touristenattraktionen Wiens wird. Dabei wollte Hundertwasser diese Aufgabe zunächst gar nicht übernehmen. Als er jedoch erfuhr, dass die Anlage nur minimale Emissionen an die Umwelt abgibt, gab er dem Drängen des damaligen Wiener Bürgermeisters Helmut Zilk (1927–2008) nach. Er verzichtete sogar auf sein Honorar. Um der Anlage ihr eintöniges Aussehen zu nehmen, setzte er unterschiedlichste Materialien wie Emaille, Glas und Keramik ein. Diese Idee wird auch zum Exportschlager in Japan: 1981 geht in Osaka eine ähnliche Anlage in Betrieb.

A Symbiosis of Art and Technology Hundertwasser succeeds in turning functionality into art – and the building into a major Vienna tourist attraction. Initially less than interested in the project, he eventually succumbed to then mayor Helmut Zilk's pleas upon finding out about the plant's minimal impact on the environment, even waiving his fee. Using a number of materials (e. g. enamel, glass and ceramics), he created an idea which was exported to other countries, for instance to Osaka/Japan, where a similar project was completed in 1981.

Das Wiener Allgemeine Krankenhaus
Vom Invalidenhaus zur Uniklinik

Um 1895 Das Spital feiert bereits sein 200-jähriges Bestehen: Als „Groß-armen- und Invalidenhaus" eröffnete 1695 das Allgemeine Wiener Kranken-haus. Dr. Johann Franckh (1590–1661), stiftete schon 1686 das Grundstück zur Errichtung eines Soldatenspitals. Doch erst im Jahre 1693 beauftragte Kaiser Leopold I. (1640–1705) den Bau zwischen Alserstraße, Spitalgasse und Garni-songasse. Ein Jahr nach seiner Eröffnung quartierte man hier über 1000 Arme und Kriegsverletzte ein. Kaiser Joseph II. (1741–1790) widmete das Haus 1784 zum „Allgemeinen Krankenspital" um, da kaum mehr arme Menschen von der Institution profitierten. Um die Jahrhundertwende herrscht immer noch reges Treiben im „Alten AKH", das mittlerweile mehrere Institute der Universität Wien beherbergte.

Vienna General Hospital
Around 1895 The hospital is celebrating its 200th anniversary: The "Großar-men- und Invalidenhaus" (Invalid's Almshouse) had been opened in 1695, after Dr. Johann Franckh had donated the land in 1686. Only by 1693 did Emperor Leopold I commission the project. A year after its opening, the hospital housed 1,000 impoverished people and war casualties. In 1784, Emperor Joseph II renamed the house as "General Hospital". By the time the picture was taken, the old hospital is home to a number of institutes of the University of Vienna.

Ein langer Weg zu neuer Größe Die stetige Weiterentwicklung im medizinischen Bereich hatte einen ständigen Platzmangel zur Folge, sodass das „Alte AKH" laufend erweitert werden musste. Doch ein grundlegender Neubau des Spitals wurde wegen der zwei Weltkriege und die dadurch herrschende wirtschaftliche Not erst 1957 möglich. 1968 wurde neben den Universitätskliniken für Kinderheilkunde, Psychiatrie, Neuropsychiatrie des Kindes- und Jugendalters, Tiefenpsychologie und Psychotherapie auch ein Kinderheim errichtet. Das „Neue AKH" wurde schließlich 1994 offiziell eröffnet. Schon vorher hatten einzelne Stationen ihren Betrieb aufgenommen. Die Widmung „Zum Heil und Trost der Kranken", die heute noch am Eingang des „Alten AKH" an seine frühere Verwendung erinnert, ziert auch das neue Spitalsgebäude am Währinger Gürtel.

The Long Way to New Greatness The continuous development of the hospital led to constant expansion. After the two World Wars and the resulting economical crisis, it was re-developed as late as 1957. In 1968, the university clinics for, amongst others, paediatrics, psychiatry, neuropsychiatry for children and adolescents, and psychotherapy were joined by a children's home. The new General Hospital opened in 1994.

Piaristenkirche
Paukenmesse im Gotteshaus

Die Pfarrkirche und die beyden Collegien der Väter der frommen Schulen in der Josephstadt

L'Eglise paroissiale, et les deux Colleges des Peres des Ecoles pieuses dans la Joseph Stadt.

Cum Priv. S.C.M.

In Wien bey Artaria Company.

1781 Die Zeichnung mit dem Titel „Die Pfarrkirche und die beyden Collegien der Väter der frommen Schulen in der Josephstadt" gewährt einen Blick auf den Piaristenplatz mit der Kirche Maria Treu. Zu dieser Zeit entsprachen die Türme jedoch noch nicht den vorgesehenen Plänen. 1597 gründete Josef von Calasanza (1556–1648) den Orden, dessen Ziel es sein sollte, Kinder aus armen Verhältnissen zu unterrichten. Der Bau der Piaristenkirche in Wien begann 1716. Bereits 65 Jahre vorher waren die Piaristen neben ihrem Ordensauftrag in der Wiener Josefstadt als Lehrer und Seelsorger tätig.

Piaristenkirche
1781 This illustration shows Piaristenplatz with the Maria Treu Church. In 1597, Josef of Calasanza founded the order with a view to educate children from poor backgrounds. Building work on the Piaristenkirche began in 1716. However, the Piarists had been working as teachers and ministers in the Josefstadt part of Vienna for 65 years by this time.

Spielort Haydns Die ersten Entwürfe für die Kirche stammten von dem bekannten Architekten Johann Lucas von Hildebrandt (1668–1745). 1721 konnte der Rohbau fertiggestellt werden, die Altäre waren zu diesem Zeitpunkt noch Provisorien. Die Ordensbrüder selbst gestalteten die Kirchenbänke und 1771 konnte schließlich die Kirchenweihe stattfinden. Die beiden Türme waren allerdings erst 1860 vollendet. Bekannt wurde die Kirche besonders für die sogenannte „Paukenmesse". Dabei handelt es sich um die „Missa in tempore belli", also die „Messe in der Kriegszeit", die Joseph Haydn (1732–1809) komponierte und bei der Uraufführung in der Piaristenkirche selbst dirigierte. Noch heute wird auf der Buckow Orgel, die 1858 restauriert wurde, gespielt. 2009 finden in der Barockbasilika 25 Jubiläumskonzerte statt, zu denen wieder die Musik Haydns erklingt.

Haydn's Paukenmesse The original plans for the church were created by famous architect Johann Lucas von Hildebrandt. The basic building was finished in 1721, and the friars themselves designed the pews and interieurs. The inauguration took place in 1771, and the church is famous for the so-called "Paukenmesse", i. e. the "Missa in tempore belli" (Mass in Times of War) composed by Joseph Haydn. In 2009, 25 anniversary concerts take place in the basilica, and Haydn's work once more returns to its original home.

Westbahnhof
In ständiger Veränderung

1948 Der Westbahnhof ist nach dem Zweiten Weltkrieg schwer beschädigt: Von mehreren Bomben getroffen, brannte er völlig aus. Zusätzlich stürzte das Dach des 1858 eröffneten Gebäudes ein. Erbaut wurde der alte Westbahnhof im Stil des Historismus nach Entwürfen des Architekten Moritz Löhr (1810–1874). Der Bau hatte Platz für insgesamt vier Gleise. 40 Jahre später, 1898, eröffnete auch die Stadtbahnstation Westbahnhof. Bedingt durch das stetig steigende Fahrgastaufkommen wurde 1910 der erste Umbau notwendig. Um den Bahnhof um ein fünftes Gleis zu erweitern, mussten zwei Türme entfernt und die Dachkonstruktion verändert werden. Nach der Zerstörung 1945 wurde der Westbahnhof erst einmal notdürftig renoviert.

West Station
1948 The Westbahnhof was razed to the ground during WWII. The old station, designed by architect Moritz Löhr in the Historicism style, was completed in 1858, and it was limited to 4 tracks. In 1910, the station had to be expanded as a result of increasing numbers of passengers. Two towers were removed and the roof structure altered to make room for another track. After its destruction in 1945, a makeshift renovation took place.

1950 Schließlich fällt der Entschluss zum Neubau des Westbahnhofes: 1949 begannen die Abrissarbeiten, 1950 ist von dem Bahnhof und der zugehörigen Stadtbahnstation nichts mehr zu erkennen. Das neue Gebäude wurde nach Entwürfen der Architekten Hartiger und Wöhnhart errichtet und 1952 eröffnet. Insgesamt elf Gleise ermöglichen bis heute einen umfassenden Bahnverkehr. Nur noch eine Statue der Kaiserin Elisabeth (1837–1898) erinnert an das alte Bahnhofsgebäude. Gleichzeitig mit dem Neubau wurde die Stadtbahnstation mit dem Bahnhof verbunden. Ein düsterer Gang bot ab sofort den Fahrgästen die Gelegenheit einfacher umzusteigen.

1950 The old station was demolished in 1949. The new building was designed by architects Hartiger and Wöhnhart and opened in 1952. 11 Tracks now provide extensive rail traffic. A statue of Empress Elisabeth is the only memento of the old station.

Unterwegs in die Moderne Heute befindet sich der Bahnhof wieder mitten in einem groß angelegten Modernisierungsprojekt. Im Rahmen der sogenannten Bahnhofsoffensive der Österreichischen Bundesbahnen ist der Westbahnhof nur einer von zahlreichen Bahnhöfen, die in den nächsten Jahren umgestaltet werden. Erste Vorbereitungen für den Umbau zur Bahnhof-City Wien West haben bereits 2007 begonnen. Ab September 2008 wurde die Bahnhofshalle gesperrt. 2011 sollen die Umbauarbeiten, die mindestens 120 Millionen Euro verschlingen, fertiggestellt sein. Dann verkürzen ein Hotel, Büros und ein Shoppingcenter den Fahrgästen die Wartezeiten. Verantwortlich für die Planung sind die Architekten Heinz Neumann (* 1941) und Eric Steiner (* 1945).

On the Way to Modernity Today, the station is at the centre of a large modernisation scheme once more. Preparations for the conversion to "Station City Vienna West" started in 2007, and the 120 million Euro project is scheduled for completion in 2011. A hotel, offices, and a shopping centre will provide welcome distractions for waiting passengers. Architects Heinz Neumann and Eric Steiner are responsible for the design of the new station.

Judenplatz
Ort der Verfolgung, Ort der Erinnerung

1725 Bis Anfang des 15. Jahrhunderts war der Judenplatz das Zentrum der Judenstadt, in der 800 Menschen lebten. Doch als die Judenverfolgung in Wien einsetzte, wurden im Jahr 1420 mittellose Juden aus der Stadt vertrieben. Jene, die über finanzielle Mittel verfügten, wurden gefangen genommen. Schließlich konnten sich einige von ihnen in die Or-Sarua-Synagoge am Judenplatz retten. Doch die Synagoge wurde belagert und den Verfolgten fehlte es an Wasser und Lebensmitteln. Nach drei Tagen begingen sie Selbstmord, den sogenannten „Kiddusch HaSchem" (Märtyrertod). Die Synagoge wurde niedergebrannt. 1421 fanden auch die letzten Überlebenden am Erdberg einen grausamen Tod. Die Geschehnisse gerieten jedoch lange Zeit in Vergessenheit.

Judenplatz

1725 Up to the beginning of the 15th century, the Judenplatz (Jews' Square) was the centre of the Jewish quarter, home to 800 inhabitants. But with the advent of the persecution of Jews, by 1420 impoverished Jews were banished from Vienna, whilst the wealthier ones were incarcerated. Some found refuge in the Or Sarua Synagogue on Judenplatz, but the synagogue was besieged and they were left without food or water. After three days, they committed mass suicide (Kiddusch HaSchem – Martyrdom). The synagogue was razed to the ground. These events sank into oblivion for a long time.

Prospectus FORI IUDÆORUM. a. Templo S. Mariæ PP.Soc: IESU in dom. Professa. b. Forum aulæ antiquæ. c. Turris S. Stephani. d. Domicilium Comitum a Sternberg.

Prospect deß Juden Plazes. a. St Maria am Hoff PP.Soc: Iesu Profeß Hauß. b. der Hoff. c. St Stephans Thurn. d. Hochgräffl. Sternbergische Behausung.

In Gedenken an die Opfer Auf spätere Verbrechen an den Juden weist heute ein anderes Bauwerk hin: 1995 wurde der Bau eines Mahnmals für die Opfer der Shoah beschlossen. Die Engländerin Rachel Whiteread (* 1963) gestaltete den Kubus mit Bücherwänden. Auf Tafeln sind die Namen jener 41 Orte lesbar, an denen österreichische Juden in der NS-Zeit ermordet wurden. Bei Ausgrabungen für die Bauarbeiten fand man hier Überreste von Häusern, die schon über 600 Jahre alt sein dürften: das historische Erbe der mittelalterlichen Judenverfolgungen. Ebenfalls am Judenplatz befindet sich das bereits 1694 erbaute Misrachi-Haus. Es gehört heute zum Jüdischen Museum. Hier sind vor allem Ausstellungen zum Judentum im Mittelalter zu sehen. Auch eines der ältesten Gebäude Wiens kann man am Judenplatz bewundern: Das Haus „Zum großen Jordan", dessen erste Erwähnung auf das Jahr 1421 datiert.

In Memory of the Victims In 1995, a Shoah Memorial was commissioned. British Artist Rachel Whiteread designed the cube with its walls of books. Plaques display the 41 locations where Austrian Jews were murdered during the Nazi regime. Further impressive features of the Judenplatz are the Misrachi House (built in 1694), which is part of the Jewish Museum, and one of the oldest Vienna buildings, "Zum großen Jordan", first recorded in 1421.

Die Freyung
Marktplatz zu Füßen des Schottenstifts

Um 1900 Auf der Freyung herrscht rege Betriebsamkeit. Pferdekutschen fahren ihre Gäste ans gewünschte Ziel, am Markt verkaufen Händler Obst, Gemüse, Fleisch und Fisch. Ursprünglich hieß die Freyung „Gegend bei den Schotten": Hier steht auch heute noch ein Kloster irischer Mönche, das Schottenstift. Kommt man vom Schottentor aus auf die Freyung, so zieht das Stift den Blick auf sich. Auch der Name des Platzes leitet sich von ihm ab: Eine mögliche Erklärung ist, dass Menschen in Not im Schottenstift nicht mehr unter der städtischen Gerichtsbarkeit standen. Eine andere Möglichkeit ist, dass die Bezeichnung sich vom Wort „Friedhof" herleitet. 1807 wurde im Schottenstift ein Gymnasium gegründet.

The Freyung
Around 1900 A busy day on the Freyung. Horse-drawn carriages take passengers to the market where fruit, vegetables, meat, and fish are offered. The Freyung was originally known as "area close to the Scottish people" due to the fact that to this day, there is an Irish monastery, amusingly called the "Schottenstift" (Scottish monastery). Approaching from the "Schottentor" (Scots' Gate) to the Freyung, the monastery comes into view. In 1807, a secondary school was opened in the Schottenstift.

1945 Nach dem Anschluss Österreichs an das Deutsche Reich musste die Schule 1938 geschlossen werden. Bereits 1945 öffnete das Schottenstift aber wieder seine Pforten für Gymnasiasten. Zwar überlebten viele der Mönche ihren Einsatz im Krieg nicht, das Schottenstift blieb aber vor Schäden am Gebäude verschont. Viele andere Gebäude auf der Freyung wurden allerdings durch die Bombardierungen der Stadt in Mitleidenschaft gezogen. Das Palais Ferstel traf es besonders schwer. Nach dem Krieg blieb das Café Central, das sich im Ferstel befand, 40 Jahre lang geschlossen. Erst 1975 wurde das Palais vollständig saniert. Auch das Palais Harrach erlitt im Zweiten Weltkrieg schwere Schäden, doch wurde seine Sanierung bereits 1952 abgeschlossen.

1945 After the annexation of Austria to the German Reich, the school was closed in 1938, but the Schottenstift opened its doors again in 1945. Many of the monks did not survive the war, but the building itself emerged unscathed, as opposed to a large number of Freyung buildings, for instance the Palais Ferstel. After the war, the Café Central in the Ferstel remained closed for 40 years, until it was finally renovated in 1975. The Palais Harrach also suffered extensive damages, but its restoration was completed as early as 1952.

Ein Platz trotzt der Zeit Das Schottenstift gibt bis heute der Freyung ihr Gesicht. Auch die zugehörige Schottenkirche zieht die Blicke der Besucher auf sich. Ihr Hochaltar ist besonders sehenswert: Er entstand 1880 nach Plänen des Architekten Heinrich von Ferstel (1828–1883) und ist mit einem Glasmosaik des Künstlers Michael Rieser (1828–1905) verziert. Die Freyung wird noch immer als Marktplatz genutzt. Großer Beliebtheit erfreut sich der wöchentliche Biomarkt. Besonders festlich sind auch Christkindl- und Ostermarkt, die jedes Jahr hier stattfinden und zahlreiche Besucher aus nah und fern anlocken.

A Square Defies Time The Schottenstift and the Schottenkirche are still the defining features of the Freyung. The latter's remarkable high altar boasts a glass mosaic by the artist Michael Rieser. The Freyung is still used as a market square and hosts the weekly organic food market, as well as the exceedingly popular annual Easter and Christmas markets.

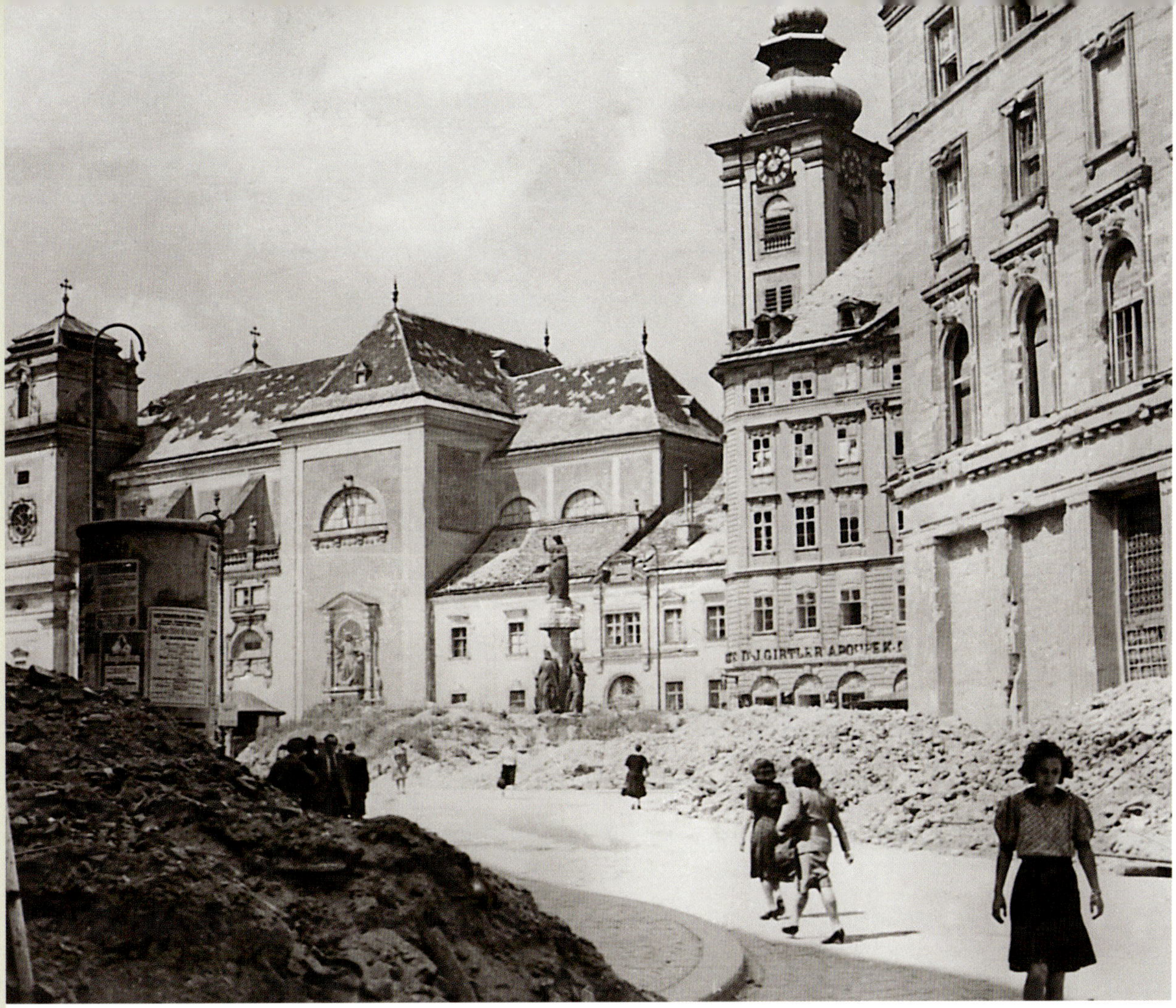

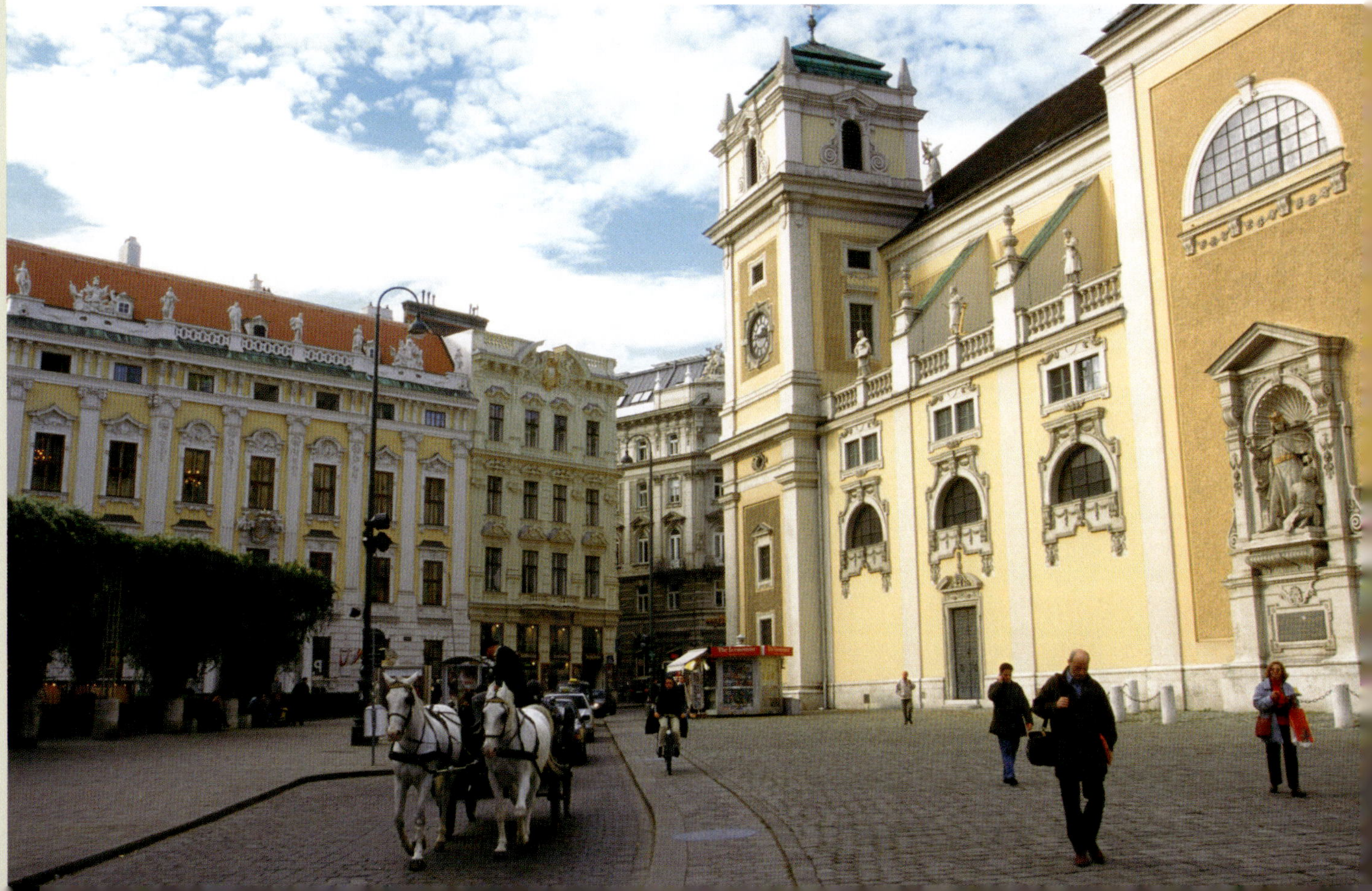

Der Graben
Von der Schutzanlage zur Nobelstraße

1925 Um die Pestsäule inmitten des Grabens herrscht reger Verkehr. Die Säule ist ein für die Donaumonarchie typisches Denkmal: Kaiser Leopold I. (1640–1705) hatte seinem Volk anlässlich der Pestepidemie von 1679, die zahlreiche Opfer forderte, die Errichtung einer Gnadensäule versprochen. Eine zunächst provisorisch aufgestellte Holzsäule wurde schließlich 1693 durch die eigentliche Marmorsäule ersetzt. Der Straßenzug blickte zu der Zeit bereits auf eine lange Geschichte zurück: Schon zu Zeiten des Römerlagers Vindobona befand sich hier ein dem Wall des Kastells vorgelagerter Graben. Im zwölften Jahrhundert musste er zugeschüttet werden. 1327 kam es an diesem Ort zu einer Katastrophe, als nahezu alle hier angesiedelten Häuser bei einem Brand zerstört wurden.

The Graben
1925 The Pestsäule ("Plague Column") in the middle of the Graben is a typical monument of the Danube Monarchy: Emperor Leopold I. dedicated it to his subjects after the devastating plague epidemic of 1679. Even then, the area had had a long and interesting history. During Roman times, a moat (German: Graben) protected the castle. In 1327, a huge fire destroyed nearly all the buildings nearby.

Ort des Luxus und der Prostitution Im 14. Jahrhundert wurden am Graben schließlich wieder Häuser errichtet und mit der Zeit siedelten sich hier vermehrt Bürger aus den oberen Gesellschaftsschichten an. Seit dem 18. Jahrhundert nutzte man den Ort auch für verschiedenste Festivitäten. Die Anrainer reagierten darauf, indem sie die Fassaden ihrer Häuser ausschmückten. Die Nutzung als Marktplatz wurde letztlich aufgehoben und der Graben verwandelte sich zum Promenadeplatz der Adligen. Schließlich hielt hier auch die Nobelprostitution in Gestalt der sogenannten „Grabennymphen" Einzug. Im 19. Jahrhundert entstanden am Graben viele luxuriöse Boutiquen und Neubauten. In der ersten Hälfte des 20. Jahrhunderts stieg der Autoverkehr so stark an, dass der Graben 1974 zur Fußgängerzone erklärt wurde.

Place of Pomp and Prostitution New buildings were finally erected in the 14th century, and the Graben area became a sought-after address for the upper classes. Eventually, the disused Graben market square became a place where the gentry liked to promenade – but it was shared with high-class prostitutes. In the first half of the 20th century, traffic increased to such a degree that finally the Graben was turned into a pedestrian area in 1974.

Haas–Haus
Architektur am Puls der Zeit

18. August 1900 Der Blick vom Stock-im-Eisen-Platz in Richtung Graben eröffnet an diesem Tag eine besondere Aussicht: Das Warenhaus Philipp Haas & Söhne erstrahlt in festlicher Pracht. Anlass ist der siebzigste Geburtstag des österreichischen Kaisers Franz Joseph I. (1830–1916). Das glanzvolle Gebäude im Herzen der Stadt wurde im Jahr 1866 direkt gegenüber vom Stephansdom erbaut und war das erste Warenhaus Wiens in Eisenständerbauweise. Die österreichischen Architekten August Sicard von Sicardsburg (1813 1868) und Eduard van der Nüll (1812–1868) erhielten vom Unternehmer Philipp Haas (1791–1860) den Auftrag, den Bau des Kaufhauses im Stil des Historismus zu planen. Den Zweiten Weltkrieg überstand das Gebäude trotz seiner massiven, steinernen Fassade allerdings nicht – im Gegensatz zum Unternehmen selbst, das erst 1982 seinen Betrieb einstellte.

Haas House

18th August 1900 On this day, the 70th birthday of the Austrian Emperor Franz Joseph I, the views from Stock-im-Eisen-Platz to the Graben area were complemented by the beautifully decorated department store Philipp Haas & Söhne. The construction opposite St. Stephen's Cathedral had been completed in 1866, led by Austrian architects August Sicard von Sicardsburg and Eduard van der Nüll, commissioned by Philipp Haas. Despite its robust façade, the building did not survive WWII.

Ein Stück Moderne setzt sich durch Zwar wurde das Haas-Haus nach Ende des Zweiten Weltkrieges durch einen Neubau ersetzt, welcher aber nur für kurze Zeit das Zentrum Wiens schmückte. Das 1953 fertiggestellte Gebäude musste 1985 aus wirtschaftlichen Gründen abgerissen werden. Am 19. September 1990 wurde das Haas-Haus in seiner heutigen Form eröffnet. Ursprünglich als Einkaufszentrum geplant, beherbergt der moderne Komplex mit noblem Interieur ein Hotel, ein Restaurant und Verkaufsräume einer Modekette. Die Pläne zum Spiegelglasbau stammen vom österreichischen Architekten Hans Hollein (* 1934) und lösten zunächst einige Diskussionen aus: Er sei zu modern und zerstöre das Flair der Innenstadt. Mittlerweile ist das Haas-Haus als moderner Kontrast zum Stephansdom aus dem Altwiener Stadtbild kaum noch wegzudenken.

Modernism Takes Hold After WWII, the Haas House was replaced by a new edifice which graced Vienna's centre but for a short while. Completed in 1953, it had to be demolished in 1985. Today's Haas House was opened on 19 September 1990. What was designed to be a shopping centre now houses a classy hotel and restaurant, as well as fashion retail outlets. The controversial mirror glass building was designed by Austrian architect Hans Hollein, and some deemed it too modern for the historic centre. Today its elegant juxtaposition to St. Stephen's Cathedral is an integral feature of the city centre.

Stock-im-Eisen-Platz
Zwischen Brauchtum und Bummeln

Mitte des 18. Jahrhunderts Der Stock-im-Eisen-Platz liegt inmitten des Zentrums von Wien. Zu dieser Zeit sind Stephansplatz, Stock-im-Eisen-Platz und Graben noch durch Häuser voneinander getrennt. Seinen Namen trägt der Platz von einem Fichtenstamm, der mit fünf Eisenbändern in einer Nische befestigt ist. An diesen Bändern hängen Schlösser, die allerdings hohl sind. Der Stamm selbst ist mit Nägeln übersät. Nach altem Brauchtum schlug jeder ausgelernte Schlossergeselle einen Nagel in den Stock-im-Eisen. Viele Sagen ranken sich um den Baumstamm, der erstmals 1533 urkundlich erwähnt wurde. Der Stock-im-Eisen ist auch heute noch am sogenannten Palais Equitable in der Wiener Innenstadt zu sehen.

Stock-im-Eisen-Platz

Mid-18th Century Stock-im-Eisen-Platz, right in the centre of Vienna, is still separated from Stephansplatz and Graben. Its name, "Trunk in Irons", derives from the trunk of a fir tree fastened to the wall with five iron bands. It is covered in nails, as every locksmith drove a nail into it upon completing his apprenticeship. The trunk was first recorded in 1533 and can be seen to this day outside the Palais Equitable in Vienna's city centre.

1908 Ursprünglich standen anstelle des Palais Equitable noch fünf kleinere Stadthäuser, die allerdings zwischen 1856 und 1886 abgerissen wurden. So konnte die Kärntner Straße verbreitert und ausgebaut werden. Neue Gebäude entstanden rund um die Wiener Prachtstraße. 1887 errichtete die amerikanische Versicherungsanstalt Equitable das Palais. Der Bau gegenüber dem Haas-Haus ist unbestritten eines der schönsten Häuser Wiens. Die Fassade ist prunkvoll geschmückt, der amerikanische Adler auf dem Dach erinnert an die Auftraggeber des Bauwerks.

1908 Before the Palais Equitable was built, five small townhouses occupied this spot, but they were demolished between 1856 and 1886 to make room for Kärntner Straße. New buildings were erected around this grand boulevard, amongst them, in 1887, the Palais (commissioned by the American Insurance Institute Equitable). The edifice opposite the Haas House is without a doubt one of the most beautiful in Vienna. The magnificent facade is complemented by the proud American eagle on its roof.

Schmuckstück in der Fußgängerzone Der Stock-im-Eisen selbst wurde gleich nach Fertigstellung des Palais 1891 am Gebäude angebracht. Mit der Umgestaltung der Kärntner Straße öffneten sich Ende des 19. Jahrhunderts auch die Plätze: Stephansplatz, Stock-im-Eisen-Platz und Graben gehen nun fließend ineinander über. Im Zweiten Weltkrieg erlitt das Palais Equitable schwere Schäden, aber bereits 1949 wurde es wieder instand gesetzt. Lange Zeit fuhren am Stock-im-Eisen-Platz noch Autos. Schließlich erklärte man aber mit der Fertigstellung des U-Bahn-Baus am Stephansplatz 1977 den Bereich zur Fußgängerzone.

Pearl in the Pedestrian Zone The Stock-im-Eisen was attached to the Palais immediately after its completion in 1891. The re-development of Kärntner Straße meant that Stephansplatz, Stock-im-Eisen-Platz and Graben were now not separated any longer. The Palais Equitable was badly damaged during WWII but fully restored by 1949.

Odol
Odol

TRZESNIEWSKI
BUFFET
STURMAYR
APOTHEKE
SCHÖPS
LISKA
CAFE

Looshaus
Vorzeigeobjekt der Wiener Moderne mit bewegter Vergangenheit

1900 Blickt man vom Burgtor auf den Michaelerplatz, springt einem sofort das „Dreilauferhaus" ins Auge. Nach einem Brand 1779 ersetzte es drei kleinere Wohnhäuser. Die Gegend um den Platz erlebte besonders ab Mitte des 19. Jahrhunderts große bauliche Veränderungen. Der Michaelerplatz diente als verbindendes Element zwischen der Altstadt und den neuen Gebäuden. Von 1889–1893 wurde die zum Michaelerplatz gerichtete Front der Hofburg nach Plänen von Johann Bernhard Fischer von Erlach (1656–1723) aus dem 18. Jahrhundert rekonstruiert. Weitere Häuser wurden abgerissen, das Palais Herberstein errichtet. 1909 fiel schließlich der Beschluss, das Dreilauferhaus und dessen Nachbargebäude abzutragen.

Looshaus

1900 Looking from Burgtor towards Michaelerplatz, the first thing one sees is the "Dreilauferhaus". The Michaelerplatz was the linking element between the old town and new developments. From 1889–1893, the front of the Hofburg was reconstructed based on plans by Johann Bernhard Fischer von Erlach. Further buildings were demolished to make room for the Palais Herberstein, and in 1909 the Dreilauferhaus was pulled down.

März 1938 Die Besitzer des Herrenmodengeschäfts Goldman & Salatsch gaben den Auftrag zum Bau des Looshauses an der Stelle des ehemaligen Dreilauferhauses. Entgegen den ursprünglichen Entwürfen ließ Architekt Adolf Loos (1870–1933) eine glatte Fassade ohne jegliche Verzierungen errichten. Daraufhin verhängte der Gemeinderat einen Baustopp. Das Looshaus wurde zum heißen Thema in den Medien und war Anlass heftiger Auseinandersetzungen. Schließlich erklärte sich Loos bereit, zumindest Bronzeblumenkästen an der Fassade anzubringen. Noch heute hängt dem Haus der Spitzname „Haus ohne Augenbrauen" nach. Nach dem Anschluss an das Deutsche Reich wurde der Spruch „Gleiches Blut gehört in ein gemeinsames Reich" am Looshaus angebracht. Hitler kam damit seinem Wahn, dass alle Menschen deutscher Nationalität in einem Reich vereinigt sein müssen, wieder ein Stück näher.

March 1938 The Looshaus was commissioned by the proprietors of gentlemen's outfitter Goldman & Salatsch. Architect Adolf Loos designed a (some said overly) simple, unadorned facade, causing the council to withdraw its building permission. The Looshaus became a bone of contention and was a hot topic in the media. Loos eventually agreed to attach bronze flower boxes to the front of the building. Today, the edifice is known as "the house without eyebrows". After the annexation of Austria to the German Reich, a sign on the Looshaus said "The same blood belongs to the same country", reflecting one of Hitler's foremost obsessions.

Außen schlicht, innen imposant 1944 trafen zwei Bomben das Nachbarhaus des Looshauses. Auch das Looshaus selbst erlitt schwere Schäden durch die Einschläge. 1947 wurde das Gebäude unter Denkmalschutz gestellt, gleichzeitig errichtete man ein neues Portal. Im Jahr 1959 wurde ein Teil der Marmorverkleidung erneuert. Schließlich baute man 1966 ein neues Geschäftsportal. Als die „Genossenschaftliche Zentralbank" das Looshaus erwarb, richtete sie dort eine Dienststelle und Büroräume ein. Betritt man heute das Looshaus, so erstrahlt der äußerlich eher unscheinbare Bau in noblem Glanz. Mahagoniverkleidungen und imposante Spiegel ziehen die Blicke auf sich und machen den Besuch im ehemaligen Schneidersalon zu einem beeindruckenden Erlebnis.

Simple Exterior, Imposing Interior In 1944, two bombs hit the building next to the Looshaus, which itself was badly damaged. The edifice became a listed building in 1947. Having bought the Looshaus, the "Genossenschaftliche Zentralbank" opened a branch and installed offices. Today, the simple exterior conceals a magnificent interior with mahogany panels and enormous mirrors.

Amalienburg in der Hofburg
Von der Monarchie zur Republik

18. Jahrhundert Hektischer Betrieb herrscht in der Hofburg: Die Soldaten des Kaisers exerzieren, während seine Hoheit in der Kutsche vorfährt. Die ersten Schaulustigen haben sich am Wohnsitz des Adels versammelt, um ihrem Herrscher zuzujubeln. Fertiggestellt wurde die Hofburg 1611. Bereits im Jahr 1577 entstand einer ihrer ältesten Teile, die Amalienburg. Seinen Namen verdankt dieser Trakt Amalia Wilhelmine (1673–1741), die nach dem Tod ihres Gatten Kaiser Joseph I. (1678–1711) diesen bewohnte. Im 17. Jahrhundert wurde die Amalienburg durch den Leopoldinischen Trakt mit der Alten Burg verbunden.

Amalienburg in the Hofburg
18th Century A busy day at the Hofburg: The emperor's soldiers exercise whilst his Majesty himself is arriving in his horse-drawn carriage. The Hofburg was completed in 1611, but one of the oldest parts, the Amalienburg, goes back to the year 1577. It is named after Amalia Wilhelmine who lived there after the death of her husband, Emperor Joseph I.

Sitz der Herrschenden Lange bewohnten Maria Theresia (1717–1780) und ihr Mann, Kaiser Franz I. (1708–1765), den Leopoldinischen Trakt. Daran erinnert auch heute noch das spätklassizistische Denkmal des Kaisers im Innenhof der Hofburg, das der italienische Bildhauer Pompeo Marchesi (1790–1858) gestaltete. Heute waltet im Leopoldinischen Trakt der österreichische Bundespräsident seines Amtes. Ursprünglich hatte er seinen Sitz im Gebäude des Bundeskanzleramts, das jedoch im Zweiten Weltkrieg schwer beschädigt wurde. Daraufhin siedelte der erste Präsident nach Kriegsende, Dr. Karl Renner (1870–1950), am 20. Dezember 1945 in den Leopoldinischen Trakt über. Heute hat außerdem der Bundespressedienst in der Amalienburg seine Arbeitsstätte.

Residence of Rulers Maria Theresia and her husband, Emperor Franz I, lived in the Leopold Wing. The Italian sculptor Pompeo Marchesi created the monument of the Emperor in the atrium of the Hofburg. Today the Leopold Wing is housing the offices of the Austrian Federal President. He shares the building with the federal news service.

Neuer Markt
Ein Marktplatz als Kaisergruft

1890 Am Neuen Markt fällt sofort der Providentiabrunnen von Bildhauer Georg Raphael Donner (1693–1742) ins Auge, der im Volksmund auch Donner-brunnen genannt wird. Donner gestaltete zunächst nur die Providentia Statue. 1739 erhielt er schließlich den Auftrag, die Skulptur weiter zu verzieren. Maria Theresia (1717–1780) empfand die Nacktheit der Figur als unschicklich und ließ den Brunnen abtragen. Der Hofbildhauer sollte die Statue eigentlich ein-schmelzen, erkannte jedoch den Wert der Arbeit. Er restaurierte stattdessen die Statue und veranlasste, dass der Brunnen 1801 wieder aufgestellt wird. Heute steht am Neuen Markt eine witterungsbeständige Kopie. Das Original aus Blei ist im Belvedere ausgestellt.

Neuer Markt (New Market)
1890 The most noticeable feature of the Neue Markt is the Providentia foun-tain designed by sculptor Georg Raphael Donner. Maria Theresia thought the sculpture's nudity uncomely, and the Fountain was demolished. The court sculptor was ordered to smelt the statue, but recognised its true value. Instead, he restored the sculpture and initiated its re-instalment in 1801. Today, a weather-proof copy stands in the place of the real lead statue which can be seen in the Belvedere.

Die letzte Ruhestätte der Habsburger Im 19. Jahrhundert fanden sich auf dem Marktplatz noch zahlreiche Stände von hier ansässigen Müllern. Im Laufe der Zeit wandelte sich der Mehlmarkt zu einem Viktualienmarkt. Am Neuen Markt befindet sich auch die Kapuzinerkirche mit der Kaisergruft. Die Kirche konnte 1632 eingesegnet werden. Obwohl sie sehr schlicht gehalten ist, ist sie ein Anziehungspunkt für zahlreiche Besucher. Grund dafür ist die Kaisergruft. Kaiserin Anna (1585–1618), die den Bau des Kapuzinerklosters stiftete, ist die erste Habsburgerin, die ihre letzte Ruhestätte in der Kapuzinergruft fand. Seither wurden nahezu alle Mitglieder der Habsburger in der Kapuzinergruft beigesetzt. Um genügend Platz für die Gräber zu schaffen, musste sie bereits achtmal erweitert werden.

Last Resting Place of the Habsburgers In the 19th century, many local millers sold their wares on this market place, which later sold fruit and vegetables, too. The Kapuzinerkirche with the Imperial Crypt is also situated here and attracts many visitors. Empress Anna, who financed the Kapuzinerkloster, was the first member of the Habsburg family who was buried here, and since then almost all members have found their last resting place here. Due to a lack of space, the crypt has been expanded eight times to date.

Opernring
Von der Wehranlage zum Prachtboulevard

1910 Der Opernring führt von der Kärntner Straße, vorbei an der Wiener Oper bis hin zur Eschenbachgasse. Schon zu Beginn des 20. Jahrhunderts fuhren Straßenbahnen in entgegengesetzter Richtung um den Ring. Lange trug der Straßenabschnitt den Namen Kaiser-Karl-Ring. Als zur Zeit der Ersten Republik zahlreiche Straßen und Plätze umbenannt wurden, erhielt der Boulevard seinen neuen Namen Opernring. Ursprünglich standen an dieser Stelle eine Stadtmauer und ein 500 Meter breiter, aufgeschütteter Erdstreifen, das sogenannte Glacis, das als Schussfeld und zur Deckung diente. Beide mussten auf Beschluss von Kaiser Franz Joseph I. (1830–1916) dem neuen Prestigeprojekt weichen. Neben der Prachtstraße plante der Kaiser auch eine Lastenroute ein, die heute noch durch Wien führt.

Opernring

1910 The Opernring leads from Kärntner Straße past the Vienna Opera and on to Eschenbachgasse. This boulevard used to be known as Emperor-Karl-Ring, but was renamed Opernring during the First Republic. As a consequence of Emperor Franz Joseph I's order, the town wall and the Glacis reinforcement were demolished in favour of the new prestige project.

Residieren auf der Repräsentationsmeile Das Projekt von Kaiser Franz Joseph I. nahm rasch Gestalt an: Innerhalb weniger Jahre entstanden zahlreiche Gebäude. Das Opernhaus wurde im Jahr 1869 fertiggestellt. Auch viele Adlige und reiche Bürger siedelten sich hier an und errichteten am Opernring ihre Palais und Residenzen. Besonders imposant war der Heinrichshof, der allerdings 1954 aufgrund der Schäden durch den Zweiten Weltkrieg abgerissen wurde. 2008 wurde ein Teil des Rings für die Fußballeuropameisterschaft zur Fanzone erklärt: Tausende Fußballbegeisterte aus aller Welt feierten einträchtig auf dem Abschnitt zwischen Heldenplatz und Rathaus. Die Idee, den Ring auch künftig zumindest für die Sommerzeit zur Fußgängerzone zu machen, konnte sich allerdings nicht durchsetzen.

Residence on the Ring Emperor Franz Joseph I's project developed swiftly. The Opera House was completed in 1869, and many aristocrats and wealthy citizens built new residences in this newly thriving area. In 2008, part of the Ring was declared a "Fan Zone" during the European Football Championship.

Schloss Schönbrunn
Vom Kaisersitz zur Touristenattraktion

1840 Als Napoleon (1769–1821) in Wien einzog, besetzte er 1805 auch Schönbrunn. Bei seinen Aufenthalten in Wien nutzte er das Schloss als vorübergehenden Sitz. Er nahm dort auch nahezu täglich die Parade seiner Truppen ab, die sich schnell zur Publikumsattraktion entwickelte. 1810 wurde durch Napoleons Heirat mit Marie Louise (1791–1847), der Tochter von Kaiser Franz II. (1768–1835), der Friede zwischen den Regenten besiegelt. Heute erinnert noch das Napoleonzimmer daran, dass die Franzosen einst Quartier im Schloss bezogen. Beinahe wirkt es ironisch, dass die von Johann Fischer von Erlach (1655–1723) geplante Wiener Residenz ursprünglich ausgerechnet ein französisches Schloss übertreffen sollte: Versailles war damals das große Vorbild.

Schönbrunn Palace

1841 When Napoleon invaded Vienna, he captured Schönbrunn Palace in 1805 and used it as his temporary residence. The daily parade of his troops quickly became a popular audience event. Napoleon's marriage to Marie Louise, daughter of Emperor Franz II, in 1810 sealed a lasting peace between the two monarchs. It seems somewhat ironic that the Vienna Residence designed by Johann Fischer von Erlach was originally meant to exceed the splendour of a French castle, Versailles.

Schloss ohne Monarch Die ehrgeizigen Pläne für den Wiener Prachtbau konnten aufgrund fehlender finanzieller Mittel nicht umgesetzt werden. Maria Theresia (1717–1780) ließ das Schloss schließlich Mitte des 17. Jahrhunderts um- und ausbauen. Aus ihrem Besitz stammt ein Großteil der erhaltenen Inneneinrichtung im Stil des Rokoko. 1830 wurde Kaiser Franz Joseph I. (1830–1916) auf Schönbrunn geboren. Sein Großneffe Karl I. (1887–1922) verzichtete schließlich hier auf seinen Thron. Zu Ende des Zweiten Weltkrieges wurde das Schloss schwer beschädigt, die britische Besatzungsmacht sorgte aber für eine rasche Sanierung und schon 1948 öffnete Schönbrunn seine Tore wieder für Besucher. Heute strömen über 1,5 Millionen Touristen pro Jahr zum Schloss.

Palace without Monarch The hugely ambitious plans for the edifice could not be realised due to financial constraints. Maria Theresia commissioned extensive work on the castle in the mid-17th century. In 1830, Emperor Franz Joseph I was born in Schönbrunn. His great-nephew Charles I abdicated the throne here. The palace was badly damaged towards the end of WWII, but the British occupying powers quickly began restoration works and Schönbrunn was opened to the public again in1948. Today, more than 1.5 million tourists visit the castle each year.

Freihaus auf der Wieden
Von der Steuerinsel zur Hochschule

1780 Das Freihaus auf der Wieden trägt seinen Namen, weil der Besitz des Hauses das Privileg der Steuerbefreiung mit sich brachte. Dieses Phänomen geht zurück auf Conrad Balthasar Graf von Starhemberg (1612–1687): Kurz nach dem Erwerb des Grundes, auf dem das Freihaus steht, erstand der Graf auch einen Freibrief, der ihm die Steuerfreiheit zusicherte. Der Gebäude-komplex wurde stetig erweitert und umfasste neben einem Schloss und einer Kapelle auch einen Markt, Werkstätten, Wohnungen, Lokale, Stallungen und das Freihaustheater. Hier fand 1791 die Uraufführung der weltberühmten „Zauberflöte" von Wolfgang Amadeus Mozart statt. Im Laufe der Zeit brannte das Freihaus zweimal nieder, das erste Mal 1683 während der zweiten Türken-belagerung in Wien und nochmals 1759.

Freihaus auf der Wieden

1780 The Freihaus ("free house") auf der Wieden owes its name to the fact that owning the house resulted in the privilege of tax exemption. The complex was constantly expanded and included a castle, a chapel, a market, workshops, residential buildings, stables, and the Freihaustheater. This is where, in 1791, Wolfgang Amadeus Mozart's "Magic Flute" was premiered. The Freihaus burnt down twice, first during the second invasion of the Turks in 1683, and again in 1759.

Eine neues Universitätsgebäude für Wien Nach dem Wiederaufbau blieb das Freihaus bis Anfang des 20. Jahrhunderts unverändert. Schließlich erhielt der Architekt Otto Wagner (1841–1918) den Auftrag, den Karlsplatz neu zu gestalten. Wagner plante ein Einkaufszentrum anstelle des Nordtrakts des Freihauses. Doch es sollte anders kommen: Der Erste Weltkrieg brach 1914 aus und die Abbrucharbeiten konnten nicht vollendet werden. Erst 1935 begann die Schleifung des Gebäudekomplexes. Durch die Bombardierungen des Zweiten Weltkrieges entstanden 1945 schwere Schäden an den Resten des Freihauses. Aufgrund des Platzmangels an der Technischen Universität Wien wurde letzten Endes in den 1970er-Jahren der Entschluss gefasst, neue Gebäude für die Hochschule auf dem Freihaus-Gelände zu errichten.

A New University for Vienna After its reconstruction, the Freihaus remained unchanged until the beginning of the 20th century, when architect Otto Wagner was commissioned to re-design Karlsplatz. But Wagner's plans were scuppered when WWI broke out in 1914. Work was continued in 1935, but WWII caused extensive damage to the remnants of the Freihaus. By the end of the 1970s, a lack of space at the Technical University resulted in the development of university buildings in the Freihaus area.

UNIQA Tower
Innovative Technik für den Klimaschutz

Juni 2003 Der sogenannte UNIQA Tower befindet sich mitten im Bau. Begonnen wurde mit den Bauarbeiten bereits im Oktober 2001. Die Pläne für das 75 Meter hohe Gebäude stammen von Heinz Neumann (* 1941). Mit 22 Stockwerken und fünf Untergeschossen gehört der Turm zu den höchsten Gebäuden Wiens. Der Grundriss des Turms hat die Form des Buchstaben „Q", wie er im Logo des Eigentümers und Auftraggebers des Baus, der Versicherungsanstalt Uniqa, zu finden ist. Der Bau schlug mit insgesamt über 70 Millionen Euro zu Buche. Die offizielle Eröffnung des Towers fand schließlich am 25. Juni 2006 statt, und Architekt Neumann erhielt für den UNIQA Tower den begehrten Bauherrenpreis. Es sollte nicht bei dieser einen Auszeichnung bleiben ...

UNIQA Tower
June 2003 Building work on the so-called UNIQA Tower began in October 2001. The plans for one of the highest, buildings in Vienna comprising of 22 floors and 5 basement floors are by Heinz Neumann. The edifice's foundations are shaped like the letter "Q" (as in the logo of the owner and commissioner, insurance corporation Uniqa). The award winning UNIQA Tower, which cost more than 70 million Euros, was officially opened on the 25th of June 2006.

Energiesparendes Technikwunder Im Februar 2008 erhielt der Turm die Auszeichnung „Energiebewusster Neubau." In Österreich ist es das erste Mal, dass das sogenannte GreenBuilding-Zertifikat an einen Büroneubau vergeben wird. Selbst europaweit haben erst einige wenige Bauten die nötigen Auflagen erfüllt. Ausschlaggebend für die Verleihung des Preises ist der Einsatz umweltfreundlicher Gebäudetechnik. Die Nutzung von Erd- und Fernwärme soll den jährlichen CO_2-Ausstoß um bis zu 84 Tonnen reduzieren. Alle Funksensoren des Hauses werden mittels Solarenergie versorgt. Die Medienfassade des UNIQA Towers wurde mit energiesparenden LED-Lampen gestaltet. Die Lichtinstallationen an der Fassade, die durch die einzeln ansteuerbaren LEDs möglich sind, sollen die Form des Gebäudes unterstreichen und dessen Struktur betonen.

Energy-Saving Technological Wonder In February 2008, the Tower was awarded the title "Energiebewusster Neubau" ("Energy-Conscious New Building"). In Austria, this is the first time that a new office building was awarded the so-called Green Building Certificate, and even Europe-wise, only a few edifices have met the necessary requirements. Environmentally friendly elements include the use of geothermal and long-distance heating energy (with an aim to reduce annual CO_2 emissions by up to 84 tons), solar energy for all radio sensors, and energy-saving LED lamps illuminating the facade of the UNIQA Tower.

Urania
Seit über 100 Jahren im Dienste der Bildung

1915 Während sich Österreich mitten im Ersten Weltkrieg befindet, zeigt sich die Urania in gewohnter Pracht. Fünf Jahre zuvor wurde das von dem Architekten Max Fabiani (1865–1962) geplante Gebäude fertiggestellt und vom österreichischen Kaiser Franz Joseph I. (1830–1916) eröffnet. Sie beherbergt den Verein „Wiener Urania", der bereits 1897 gegründet wurde und sich der Volksbildung verschrieben hat. Zudem befindet sich in dem Gebäude die älteste Volkssternwarte Österreichs – ein Hinweis auf den besonderen Stellenwert der naturwissenschaftlichen Bildungsangebote in der Urania. Die Urania fiel wie viele andere Gebäude den Bombardierungen des Zweiten Weltkrieges zum Opfer.

Urania
1915 As Austria is in the throes of WWI, the Urania is as splendid as ever. Designed by architect Max Fabiani, it was opened by Austrian Emperor Franz Joseph I five years previously and is home to the educational club "Vienna Urania" (founded in 1897). It also houses Austria's oldest observatory. Like many other important Vienna edifices, the Urania fell victim to WWII.

Für Sterndlgucker und Filmfans Nach den schweren Beschädigungen im Zweiten Weltkrieg dauerte es über zwölf Jahre, bis die Urania wieder aufgebaut wurde. 1957 konnte das Gebäude schließlich neu eröffnen. In den Jahren 2000–2003 wurde sie generalsaniert und erstrahlt seitdem in neuem Glanz. Heute finden hier viele Kurse der Wiener Volkshochschule statt, dabei steht den Vortragenden modernste Technik zur Verfügung. Die Sternwarte erhielt im Zuge der Renovierung eine zusätzliche Kuppel und zieht zahlreiche an Astronomie interessierte Besucher an. Neben den Vortragsräumen und der Sternwarte befinden sich in der Urania auch ein Puppentheater und ein Kino. Das Lichtspielhaus setzt eine lange Tradition fort: Bereits 1898 wurden in der Urania Filme gezeigt, 1928 feierte hier der erste ausländische Tonfilm Österreichpremiere.

For Stargazers and Movie Fans After the extensive damage suffered during WWII, it took 12 years for the Urania to be rebuilt. It was renovated in 2000–2003, and now provides the splendid backdrop to state-of-the-art courses run by the Vienna Adult Education Centre. During renovation, a new dome was added to the Observatory, which attracts countless lovers of astronomy. Furthermore, the Urania is home to a puppet theatre and a cinema, which continues a long tradition: Movies were being shown here as early as 1898, and the first foreign "talkie" premiered at the Urania in 1928.

Praterstern
Ein Verkehrsknoten bekommt ein neues Gesicht

1929 Der Praterstern ist einer der wichtigsten Verkehrsknoten Wiens. Nach dem Bau des Nordbahnhofs im Jahr 1838, verlor sich die ursprüngliche Sternform immer mehr und der Praterstern entwickelte sich nach und nach zu einem Kreisverkehr. 1865 wurde ein zusätzliches Bahnhofsgebäude errichtet, das aber dem Zweiten Weltkrieg zum Opfer fiel. Sieben Straßen gehen vom Praterstern aus in alle Himmelsrichtungen. Praterstraße, Heinestraße, Nordbahnstraße, Lassallestraße, Ausstellungsstraße, Hauptallee und Franzensbrückenstraße münden heute in den Kreisel des Pratersterns. Auch die Bedeutung des Bahnhofs Praterstern im Wiener Verkehr wuchs im Laufe der Zeit.

Praterstern
1929 The Praterstern is one of Vienna's most important traffic junctions. After the Nordbahnhof (Northern Station) was completed in 1838, the original star shape began to disappear, as the Praterstern slowly turned into a large roundabout system. Seven streets spread out from Praterstern: Praterstraße, Heinestraße, Nordbahnstraße, Lassallestraße, Ausstellungsstraße, Hauptallee and Franzensbrückenstraße.

Verteilerkreis im Wiener Verkehrsdickicht Am Praterstern treffen einerseits mehrere öffentliche Verkehrslinien wie die U1, U2 und Schnellbahn aufeinander. Andererseits dient er als Verteiler zwischen dem Nordosten der Stadt und der Wiener City. Hauptgrund für die starke Frequentierung des Pratersterns ist natürlich auch die Anbindung an den Prater und das Ernst-Happel-Stadion. Im Zuge der ÖBB-Bahnhofsoffensive wird der Bahnhof Praterstern zurzeit umfassend renoviert. Die Fahrgastzahlen sind bis 2010 auf 113 000 Fahrgäste pro Tag gestiegen. Rechtzeitig zur Euro 2008 wurde bereits die neu gebaute U2-Station Praterstern in Betrieb genommen. Auch der Platz selbst, in dessen Mitte ein Denkmal für Admiral Tegetthoff steht, soll neu gestaltet werden.

Roundabout in Vienna's Traffic The Praterstern is the hub where a number of traffic arteries like the U1, the U2 and rapid railway meet, but it also connects the northeast with Vienna City. Of course, it provides connections to the Prater and the Ernst Happel Stadium, too. The Praterstern station is currently undergoing extensive renovation works, and passenger numbers rose up to 113,000/day in 2010.

Messegelände Wien
Die Rotunde wird zum Messezentrum

1873 Das Jahr der Wiener Weltausstellung: Die Rotunde wurde anlässlich dieser Großveranstaltung errichtet. Ein schweres Hochwasser, das Wien zu der Zeit heimsuchte, trübte jedoch die Eröffnung der Ausstellung. Folge der Fluten war eine Choleraepidemie, die sich in der Stadt ausbreitete. Statt der ursprünglich erwarteten 20 Millionen Besucher kamen aufgrund der um sich greifenden Krankheit nur etwa 7 Millionen zur Exposition: Die Weltausstellung geriet zum Verlustgeschäft. Um den finanziellen Schaden aufzufangen, nutzte man die Rotunde für weitere Feste und Zirkusvorstellungen. 1916 und 1917 war sie Schauplatz zweier Kriegsausstellungen, 1921 fand die erste Wiener Internationale Messe in der Rotunde statt. So entwickelte sich das Gebäude nach und nach zum Messezentrum Wiens.

Congress Centre Vienna

1873 The year of the Vienna World Exposition: The Rotunda was erected specifically for this international event, but disastrous floods led to an outbreak of cholera, and instead of 20 million expected visitors only 7 million made their way to Vienna. The World Exposition made huge losses, and in order to absorb some of them, the Rotunda was used as a venue for circus performances and parties. The first Vienna International Exhibition took place in 1921, and the building gradually developed into Vienna's Congress Centre.

Die Messe Wien gewinnt wieder an Bedeutung Als 1937 ein Feuer in der Rotunde ausbrach, brannte das Gebäude völlig nieder. Nach dem Anschluss Österreichs an das Deutsche Reich war das Interesse an der Wiener Messe nur noch gering, sodass sie ab 1942 ihre Tore schloss. Erst 1950 wurde das Wiener Messezentrum wieder aufgebaut. An der Stelle, an der früher die Rotunde stand, befindet sich heute das Südportal. Im Jahr 2000 fiel die Entscheidung, das Messezentrum weiter aufzuwerten. Der Entschluss wurde durch den Bau eines Kongresszentrums und eines neuen Messegebäudes umgesetzt. Im Januar 2004 eröffneten der Wiener Bürgermeister Michael Häupl (* 1949) und Bundespräsident Thomas Klestil (1932–2004) das ausgebaute Messegelände.

Vienna Congress Centre through the Times A fire razed the Rotunda building to the ground in 1937, and it took to 1950 for the Vienna Congress Centre to be rebuilt. After extensive expansion in recent years, the Congress Centre opened its doors again in January 2004.

Wiener Prater
Vom Jagdgebiet zum Vergnügungspark

18. Jahrhundert Das Ringelspiel gehörte zu den ersten Attraktionen nach der Öffnung des Praters für die Allgemeinheit. Der Name Ringelspiel stammt daher, dass man während der Fahrt auf dem Karussell mit einer Stange in der Hand Ringe aufsammeln konnte. Kaiser Joseph II. (1741–1790) machte 1766 den Prater, ein ehemaliges Jagdgebiet, für seine Untertanen zugänglich. Schnell wurden hier Karussells, Imbissstände und Schießbuden erbaut. Auch Feuerwerke und Ballonaufstiege fanden im Prater statt. Im Laufe der Zeit entstanden hier auch volksbildende Einrichtungen, wie ein Theater und das „Praeuscher's Panoptikum" mit 2000 Ausstellungsstücken, einem Vivarium und einem Planetarium.

Vienna Prater

18th Century The "Ringelspiel" was one of the first Prater attractions accessible by the general public. Emperor Joseph II opened his former hunting ground to his subjects in 1766. Soon, it boasted carousels, food stalls, shooting galleries, as well as spectacular fireworks displays and balloon rides. But the Prater also provided some educational elements, for instance a theatre and the famous "Praeuscher's Panoptikum" with 2,000 exhibits, a vivarium and a planetarium.

Glanzlichter im Prater Institutionen wie die Abnormitätenshow und das Zaubertheater sorgten für ein buntes Vergnügungsangebot im Wurstelprater. Mit der Entwicklung der Elektrizität entstanden immer weitere Attraktionen. 1896 eröffnete das erste Kino, 1897 kam das Riesenrad hinzu. 1898 folgte die weltweit erste elektrisch betriebene Grottenbahn und anlässlich der Beliebtheit des Flugzeuges wurde 1911 das erste fliegende Karussell errichtet. Autodrom, Liliputbahn, Geisterbahn und weitere Attraktionen gesellten sich bald dazu. Zahlreiche Bauten im Wurstelprater wurden im Zweiten Weltkrieg zerstört. Der Park wurde aber wieder aufgebaut und erstrahlt heute in ständig neuem neonbeleuchteten Glanz.

Prater Highlights Established attractions like the Freak Show and the Magic Theatre provided colourful entertainment at the Wurstelprater. The advent of electricity lead to more sophisticated amusements, e. g. the first cinema (1896), and the Ferris wheel (1897). The first ever electric "Grottenbahn" (a kind of cavern ride) and an innovative "flying carousel" followed, along with the Autodrome, Liliput train, ghost train, and many more. Many of these attractions were destroyed during WWII, but the park was restored to its former glory and its neon lights still shine brightly.

Wiener Gasometer
Ein Gaswerk wird zum Entertainmentcenter

1988 Die Gasometer sind zu diesem Zeitpunkt bereits stillgelegt. Das Wiener Gaswerk tat bis 1985 seinen Dienst. Mit der Umstellung von Stadtgas auf Erdgas wurde die Gaserzeugung in den Wiener Gasometern zwar eingestellt, die Gebäude selbst aber unter Denkmalschutz gestellt. Bis 1992 standen die Hallen komplett leer. In der Zwischenzeit wurden die Gasometer gelegentlich für verschiedene Großveranstaltungen wie Raves oder Ausstellungen genutzt. Auch Dreharbeiten wie etwa am James Bond-Film „Hauch des Todes" (1987) fanden dort statt. Verschiedene Bauträger kauften später die Gasometer auf und schrieben 1995 einen Wettbewerb für ihre Umnutzung aus. 1998 kamen die Technofans dort schließlich zum letzten Rave vor der Revitalisierung zusammen.

Vienna Gasometer

1988 Gas production has been stopped and Gasometers have been put out of service as a consequence of the conversion to natural gas, but the buildings themselves are protected. The halls were empty and used only for the occasional rave, exhibition, or as a backdrop for movies, e.g. the James Bond film "The Living Daylights". The last techno rave before the onset of renovation work took place in 1998.

Modernes Leben in historischen Kulissen Nach langen Diskussionen, wie die Gasometer künftig genutzt werden sollten, einigte man sich, dass das Hauptaugenmerk auf der Schaffung neuer Wohnungen liegen sollte. Verantwortlich für die Planung war Architekt Wilhelm Holzbauer (* 1930). Schließlich wurden die Gasometer ab 1999 in drei Jahren Bauzeit wiederbelebt. Am 31. August 2001 fand das Mammutprojekt mit der feierlichen Eröffnung der Gasometer seinen vorläufigen Abschluss. Das „Schild", der moderne Anbau, der auf der Aufnahme zu sehen ist, symbolisiert den Wandel der Gasometer zur zeitgemäßen Wohnhausanlage mit Einkaufszentrum. Hier befinden sich heute auch ein Studentenwohnheim und zahlreiche Büros. Eine 7000 m² große Veranstaltungshalle lädt regelmäßig zu Konzerten aktueller Bands ein.

Modern Life in a Historical Environment After extensive discussions on the future use of the Gasometers, the decision was made to mainly provide new flats. Architect Wilhelm Holzbauer oversaw the development, and the opening ceremony took place on 31 August 2001. In the new part shown here, the "Schild", houses a shopping centre, student accommodation and offices. A huge venue attracts many new acts.

Arsenal
Weit mehr als eine Kaserne

19. Jahrhundert Im Wiener Arsenal findet ein Pferdetraining statt. Zu dieser Zeit diente die Kaserne noch rein militärischen Zwecken. Anlässlich der März-revolution von 1848 wurde das Arsenal im heutigen 3. Wiener Gemeindebezirk Wien-Landstraße 1850–1856 erbaut. Die Pläne für das neugotische und mau-risch-byzantinische Gebäude stammten von den Architekten Theophil Hansen (1813–1891) und Ludwig Foerster (1797–1863). Der Bau läutete das Ende der Wiener Stadtmauer ein, die durch das Festungsdreieck Franz-Joseph-Kasernen, Roßauer Kaserne und Arsenal ersetzt wurde. Bereits 1891 beherbergte das Arsenal ein heeresgeschichtliches Museum, hatte aber immer noch hauptsäch-lich die Funktion einer Kaserne inne.

Vienna Arsenal

19th Century Horses are trained at the Vienna Arsenal, at that time an exclusively military facility. The building was designed by architects Theophil Hansen and Ludwig Foerster, and its construction was one of the reasons for the demolishment of the Vienna city wall.

Mischnutzung nach den Weltkriegen In den beiden Weltkriegen kam der Anlage, die aus mehreren Backsteinbauten besteht, eine besondere Rolle zu. In dieser Zeit beherbergte das Arsenal eine Waffenfabrik und ein Stahlwerk. 1918 wurde die Fabrik zu den gemeinwirtschaftlichen „Österreichischen Werken Arsenal" umgewandelt. Produktionsprobleme nach dem Krieg machten das Unternehmen aber zu einem großen wirtschaftlichen Misserfolg. Im Zweiten Weltkrieg erlitt das Gebäude schwere Schäden. Der Renovierung folgten einige Neubauten und so beherbergt das Arsenal heute neben dem Heeresgeschichtlichen Museum auch Dekorationswerkstätten des Bundestheaters, eine Probebühne und die Zentraldesinfektionsanstalt Wiens. Ein Teil des Gebäudes wird noch immer als Kaserne genutzt.

After the World Wars The facility played a special role in both World Wars, as the Arsenal housed a weapons factory and a steel works. Production problems after the war resulted in a huge economic failure. The buildings were damaged extensively during WWII, but new buildings were added during the renovation process, and today the Arsenal is home to the Army History Museum, Bundestheaters workshops, a rehearsal stage, the Zentraldesinfektionsanstalt, and some barracks.

Große Auswahl Um die Jahrhundertwende posiert ein Feinkosthändler und Hoflieferant mit seinen Mitarbeitern vor seiner Delikatessenhandlung „Zur goldenen Krone". Zu seinem Sortiment gehören neben polnischen Spezialitäten auch fränkische Weine und Schokolade und Kekse aus aller Herren Länder.

Plenty of Choice Around the turn of the last century, the proud owner of a delicatessen, purveyor to the court, poses with his employees outside his shop. He offers Polish specialities as well as wines from Franconia, chocolates, and biscuits from around the globe.

Leben früher und heute

An der schönen blauen Donau Opernball, Sachertorte, Einspänner, Tafelspitz und Wiener Schmäh sind sicherlich einige der Begriffe, denen man beim Thema Wiener Alltagskultur begegnet. Und tatsächlich werden in der Donaustadt noch viele Traditionen aus der k. u. k.-Zeit gepflegt: Man trifft sich auf einen Zweigelt im Heurigen oder genießt Powidltatschkerln im Kaffeehaus, fährt aber nur noch äußerst selten mit dem Fiaker nach Hause. Auch wenn Wien längst im neuen Millennium angekommen ist, so ein wenig lässt sich der Geist der Geschichte im Leben der Bewohner nachspüren.

On the Beautiful Blue Danube The Opera Ball, Sacher Cake, one-horse carriages, and the famous Vienna charm are but a few terms that spring to mind when thinking about the city's culture. Many traditions have survived the changing times: cosy Heurigen taverns, typical confectionary sampled in one of the famous coffeehouses, and even the horse-drawn "Fiaker". Vienna might have arrived in the new millennium a long time ago, but the spirit of history can still be felt in its citizens' lives.

Fiaker
Eine Wiener Institution überdauert wandelnde Zeiten

1966 Schon zu dieser Zeit haben die Fiaker, Wiens weltweit bekannte Pferde-kutschen, einen festen Platz unter den Touristenattraktionen der Stadt. Das Fiakergewerbe beginnt sich gerade von den Nachwehen des Zweiten Weltkrie-ges zu erholen: Kurz nach dem Krieg gab es zunächst kaum Pferde in Wien und die Bevölkerung nutzte lieber die günstige Straßenbahn oder das kaum teurere, aber schnellere Taxi. Bis 1967 steigt die Zahl der Pferdekutschen immerhin wieder auf 32 Fiaker, die auf den Straßen Wiens unterwegs sind. Trotzdem ist diese Zahl kein Vergleich zu den mehr als 1000 Fiakern, die bis zum Ersten Weltkrieg unterwegs waren. Es hat sich seit der ersten Fiakerfahrt in Wien sehr viel verändert.

Fiaker

1966 The Fiakers, Vienna's internationally famed horse-drawn carriages, are a major tourist attraction. The Fiaker industry is just beginning to recover from WWII. By 1967, the number of Fiakers on Vienna's streets reaches 32 – no com-parison to more than 1,000 before WWI.

Vom Taxi zum Touristenprogramm Die erste Lohnkutsche erhielt 1693 ihre Lizenz. Den Namen Fiaker tragen die Pferdewagen seit 1662 in Anlehnung an einen französischen Gastwirt, der Lohnkutschen verlieh. Bereits 1790 waren in Wien etwa 700 Fiaker unterwegs. Und die Zahl stieg bis 1908 sogar auf 1000. Die vielen Kutschen transportierten als Vorläufer der Taxis ihre Fahrgäste durch die ganze Stadt. Nach dem Zweiten Weltkrieg retteten die Amerikaner die Wagen und setzten sie erstmalig als Touristenattraktion ein. Seitdem halten die Fiaker Vorwürfen, wie der Verunreinigung der Stadt und der Tierquälerei, stand. 2008 wurden in Wien wieder 144 Fiaker gezählt. Die Kutschen, die nur im Sommer verkehren, sind bis zu 100 Jahre alt.

From Taxi to Tourist Attraction The first horse-drawn carriage for passengers received its licence in 1693. By 1790, about 700 Fiakers roamed the streets of Vienna, and by 1908 the number of these predecessors of the taxi went up to about 1,000. After WWII, the American forces were the first to realise the carriages' potential as a tourist attraction. In 2008, Vienna boasted 144 Fiakers. The carriages are up to 100 years old.

Pferderennbahn Freudenau
Vom kaiserlichen Vergnügen zur Finanzkrise

1890 Schon damals erfreuten sich Pferderennen wachsender Beliebtheit. 1839 wurde die Rennbahn in Gegenwart von Kaiser Franz Joseph I. (1830–1916) eröffnet. Die Hoftribüne samt Kaiserloge nahm jedoch erst im Jahr 1870 ihren Betrieb auf. Zwei Jahre zuvor fand das erste Wiener Derby statt. Als ein Teil der Tribünen 1883 einem Brand zum Opfer fiel, richtete man sie noch im selben Jahr in massiver Bauweise wieder auf. Einen richtigen Aufschwung erlebten die Pferderennen um die Jahrhundertwende. Seitdem war der Besuch der Rennbahn Fixpunkt in der Freizeitplanung der Wiener. Der Erste Weltkrieg setzte dieser Entwicklung aber zunächst ein abruptes Ende, da Österreich viele Gestüte und Trainingsplätze in den Kronländern verloren gingen.

Race-Course Freudenau
1890 Horse-racing is a popular sport: In 1839, the racecourse was opened by Emperor Franz Joseph I. The first Vienna Derby took place in 1868, and by the turn of the century, horse-racing enjoyed immense popularity. WWI put an abrupt end to its development.

Immer knapp bei Kasse 1932 gründete sich schließlich der Wiener Rennverein, doch dieser hatte von Anfang an mit finanziellen Schwierigkeiten zu kämpfen. Nach der Eingliederung des Vereins in das deutsche Rennsportwesen mit dem Anschluss Österreichs an das Deutsche Reich verbesserte sich die Lage. Doch die Beschädigungen und Plünderungen im Zuge des Zweiten Weltkrieges rissen bald wieder ein Loch in die Kasse. Mit Hilfe der britischen Alliierten erfolgte der Wiederaufbau. Für den Bau der Ostautobahn 1975 mussten Teile der Rennbahn weichen. Um den Galopprennsport zu retten, wurde 1991 die „Rennbahn Management GesmbH zur Rettung und Wiederbelebung des österreichischen Galopprennsportes" ins Leben gerufen. Heute befindet sich die Rennbahn in privater Hand.

Always Short of Cash The Vienna Racing Club, founded in 1932, was in financial difficulties from the start. When the club was integrated into the German Racing Sport after annexation to the German Reich, the situation improved, but WWII emptied the coffers once more. The British Allied Forces came to the rescue. Today, the racecourse is privately owned.

Kino in Wien
Von Masseneuphorie zum Kinosterben

März 1947 Vor dem Eingang des Gartenbaukinos drängt sich eine Menschenmenge, um den neuesten Film aus Amerika zu sehen. Es läuft „Ziegfeld Girl" mit James Stewart und Judy Garland. Damals waren eigene Fernsehgeräte noch die Ausnahme und das Kino erlebte seinen Höhepunkt. Das Gartenbaukino wurde 1919 eröffnet. 1958 wurde das ursprüngliche Gebäude abgerissen, das Kino zog aber im Neubau an derselben Stelle wieder ein. Die Wiener zeigten sich von Anfang an kinobegeistert: Schon 1902, bei der Eröffnung eines der ersten Lichtspielhäuser in Wien, dem „Münstedt Kino Palast" im Prater, gab es einen großen Ansturm. Ein weiteres Filmtheater im Wiener Prater war das Kino Klein. 1945 wurde es zerbombt und nicht wieder aufgebaut.

Cinema in Vienna
March 1947 A crowd outside the Gartenbaukino is queuing to watch "Ziegfeld Girl" with James Stewart and Judy Garland. Television is in its infancy, and cinema at its peak. The Gartenbaukino was opened in 1919, and the Viennese quickly proved to be movie-enthusiasts.

Ein Publikumsmagnet wird zur gefährdeten Art Mit dem Aufschwung des Fernsehens in den Fünfzigerjahren, den bezahlbaren TV-Geräten und der stetigen Erweiterung der Sendezeit starben die Kinos langsam aus. 1965 mussten allein im 20. Wiener Gemeindebezirk Brigittenau sieben Kinos ihre Pforten schließen. Besonders die Kleinen sind betroffen. Die Konkurrenz durch große Kinopaläste und die kostenintensive Vergnügungssteuer bedeuten für viele weitere Kinos das Aus. Das älteste noch bestehende Kleinkino Wiens ist das „Schikaneder" in Wieden, das seit 1906 Filme vorführt. Großer Beliebtheit erfreuen sich heute Freiluftkinos. Im Augarten zieht jährlich das „Kino unter Sternen" Tausende Besucher an. In der Krieau lockt die „Sommerkino Tribüne" und auch zum Schloss Neugebäude im 11. Wiener Gemeindebezirk pilgern die Freiluftfans zum Sommerkino.

From Crowd Puller to Endangered Species As a result of the advent of television in the 1950s, affordable TV sets, and continuously increasing airtime, cinemas took a huge blow. In 1965 alone, seven cinemas closed down in one Vienna district alone. The oldest small cinema still operating today is the "Schikaneder" in Wieden, which has been showing movies since 1906. Open-air cinemas are still very popular, and the "Cinema under the Stars" in Augarten attracts thousands of visitors, as do the "Summer Cinema" (Krieau), and the Schloss Neugebäude Summer Event (11th district).

Schrammelmusik
Eine Spezialität der Wiener Heurigen

1890 Das Schrammelquartett tritt beim Wiener Heurigen auf. Johann und Joseph Schrammel (1850–1893 und 1852–1895) an der Geige, Anton Strohmayer (1848–1937) an der Gitarre und Georg Dänzer (1848–1893) auf der Klarinette. Nachdem Dänzer dem Quartett beigetreten war, nannte sich die Musikergruppe „Specialitäten Quartett Gebrüder Schrammel". Sie erlangten rasch Bekanntheit und spielten nicht nur beim Heurigen. Auch die Wiener Aristokraten schätzten die Musik der Vier. 1891 wechselte die Besetzung, Georg Dänzer wurde durch einen Ziehharmonikaspieler ersetzt. Bis zu ihrem Tod komponierten die Brüder Schrammel über 200 Lieder. Der Musikstil, den das Quartett begründete, ist typisch für Wien und speziell für die Heurigen.

"Schrammelmusik"
(Music in the Style of the Schrammel Brothers)

1890 The Schrammelquartett performs at the Vienna "Heurigen": Johann and Joseph Schrammel (both violin), Anton Strohmayer (guitar), and Georg Dänzer (clarinet). After Dänzer joined the quartet, the group was renamed "Specialitäten Quartett Gebrüder Schrammel" and quickly achieved a high profile, not only as a Heurigen band. In 1891, Georg Dänzer was replaced by an accordionist. The Schrammel brothers composed more than 200 songs, and the style they created is typical for Vienna and the "Heurigen".

Unerreichtes Original Die eigentümlich „raunzige" Schrammelmusik ist bis heute beim Heurigen zu hören. Die Kompositionen wurden und werden allerdings vielfach verfremdet. Das liegt einerseits am ungewohnten Tonsatz der Komponisten und andererseits an den Tonlagen der Geige und Klarinette, durch die eine der beiden Stimmen fast verloren gehen soll. Das klassische „Wiener Schrammelquartett", das 1964 gegründet wurde, sowie dessen Nachfolger, das „Wiener Thalia Quartett", hielten und halten sich aber an den Klangstil der Originalautographen der Schrammelbrüder. Sie bewahren damit den ungewöhnlichen Stil, für den schon bekannte Komponisten wie Johann Strauß (1825–1899) oder Arnold Schönberg (1874–1951) schwärmten. Die „Wiener Philharmonia Schrammeln" bringen die Schrammelmusik heute auch wieder in die Wiener Konzertsäle.

Unrivalled Original The idiosyncratic "Schrammelmusik" is still an essential part of the "Heurigen" atmosphere, if somewhat altered, due to the unusual tone motion and the pitch of violins and clarinets. However, the classic "Vienna Schrammelquartett", founded in 1964, and its successor, the "Vienna Thalia Quartett", are still true to the Schrammel brothers. They preserve the particular style admired by famous composers like Johann Strauß or Arnold Schönberg. Today, the "Vienna Philharmonia Schrammeln" take Schrammelmusik to Vienna's concert halls.

Der Heurige
Traditionsreicher Treffpunkt der Wiener Prominenz

1910 Der Wiener Bürgermeister Karl Lueger (1844–1910) genießt das schöne Wetter im sogenannten Schanigarten eines Heurigen. Zu sehen ist der christlich-soziale Politiker (ganz rechts) im Kreis seiner Anhänger. Der Heurige ist für zahlreiche Politiker ebenso ein Ort fürs Geschäftliche wie zur Erholung und Muße. Das bekannte Heurigenlokal „Schreiberhaus" in Neustift am Walde, benannte sogar, aufgrund seiner häufigen Heurigenbesuche, einen Raum nach dem ehemaligen Wiener Bürgermeister Helmut Zilk (1927–2008) – die Zilkstube. Der Großteil der Heurigen, insbesondere die sogenannten Nobelheurigen, befinden sich in Grinzing. Doch nicht nur die österreichische Politik nutzt den Heurigen, um das Angenehme mit dem Nützlichen zu verbinden.

The "Heurige"
1910 Vienna mayor Karl Lueger enjoys the sunshine in the garden of a Heurigen tavern. Many politicians consider the Heurigen a place of business as well as rest and relaxation. Most of the Heurigen, especially the posh ones, are in the Grinzing area.

1950 Zahlreiche Prominente genießen ihre freie Zeit mit einem Glaserl Wein beim Heurigen. Hans Moser (1880–1964) löst hier in gemütlicher Atmosphäre mit seiner Ehefrau Blanca ein Kreuzworträtsel. Der Schauspieler besingt in vielen seiner Lieder den Heurigen und setzt dieser österreichischen Institution damit ein Denkmal. In Wien kennt nahezu jeder seinen Liedtext „I möcht so gern a Reblaus sein". Und er ist nicht der einzige Filmschaffende dieser Zeit, der den Heurigen gerne besucht: Sein Kollege und Freund Paul Hörbiger (1894–1981) genießt ebenso das Flair der Weinlokale wie der Filmemacher Franz Antel (1913–2007). Bis heute ist der Heurige ein beliebter Treff für bekannte Persönlichkeiten wie Politiker, Musiker und Schauspieler.

1950 This Vienna institution still attracts many celebrities, politicians, musicians, and actors. Austrian actor and entertainer Hans Moser had many Heurigen songs in his repertoire, and to this day nearly every Vienna inhabitant knows some of his ditties.

Eine Münze für die Prominenz Andy Borg (* 1960) posiert beim Heurigen „Mayer" in Grinzing. Der österreichische Schlagersänger hat anlässlich der Aufzeichnung der Sendung „Lustige Musikanten on tour" im Februar 2002 in Wien seine ganze Familie mitgebracht. Die Prominentenkultur wird besonders im „Schreiberhaus" in Neustift am Walde gepflegt: Jedes Jahr geht hier die „Schreiberhaus Münze" an prominente Preisträger und Gäste – und das schon seit 1995. Moderatorin Arabella Kiesbauer, der ehemalige Tiergartendirektor des Zoos Schönbrunn, Helmut Pechlaner, Fußballlegende Toni Polster, Maler Ernst Fuchs und Schauspieler Harald Krassnitzer sind nur einige der Namen auf der Liste der Preisträger.

An Award for Celebrities Since 1995, each year a well-known personality (from football legend Toni Polster to painter Ernst Fuchs and actor Harald Krassnitzer, amongst many others) has been awarded the "Schreiberhaus-Münze".

Sigmund-Freud-Haus
Geburtsort der Psychoanalyse

1960 In diesem Haus in der Berggasse 19 im 9. Wiener Gemeindebezirk wohnte und arbeitete der bekannte Psychiater Sigmund
Freud (1856–1939). 1891 wurde der Bau des Hauses fertiggestellt
und noch im selben Jahr zog Freud darin ein. Bis 1938 setzte sich
Sigmund Freud hier mit der Psychoanalyse auseinander. Bis 1908
diente ihm eine Wohnung im Erdgeschoss als Praxis. Als ihm diese zu klein wurde, richtete sich Freud im Mezzanin neu ein. Am
4. Juni 1938 musste der jüdische Arzt als Folge des Anschlusses
Österreichs ans nationalsozialistische Deutsche Reich nach London emigrieren, wo er bis zu seinem Lebensende blieb. Auch die
koschere Fleischerei Kornmehl, die sich im selben Haus befand,
musste in diesem Jahr ihren Betrieb aufgeben.

Sigmund Freud House
1960 Berggasse 19 in the 9th Vienna District was famed psychi-
atrist Sigmund Freud's place of residence and work. Freud moved
into the newly built house in 1891, and lived and worked here
until the year 1938. As a result of the annexation of Austria to
Nazi Germany, the Jewish doctor was forced to emigrate to
London in 1938, which is where he spent the last year of his life.

Von der Praxis zum Museum Heute befindet sich im ehemaligen Wohnhaus von Freud das Sigmund Freud-Museum. 1971 wurde das Museum eröffnet und seither immer wieder erweitert. Seit 2002 gehört auch das Gassenlokal der Fleischerei Kornmehl zu den Räumlichkeiten. Wohnung Nr. 5, Freuds ehemalige Privatwohnung, ist heute Bibliothek und Archiv der Sigmund Freud-Privatstiftung. Seine ehemalige Praxis im Mezzanin beherbergt den eigentlichen Ausstellungsbereich. Etwa 80 Exponate aus Freuds Sammlung, aber auch private Stücke und Möbel aus seinem Wartezimmer sind heute zu sehen. Freuds Tochter Anna steuerte nahezu alle Ausstellungsstücke bei. Im Medienraum des Museums können Besucher Einblicke in Freuds Wirken gewinnen.

From Practice to Museum Today, Freud's former residence houses the Sigmund Freud Museum. Flat 5, Freud's former living quarters, is now a library and archive. The actual exhibition space is in his former practice in the mezzanine and contains about 80 exhibits from his collection, private pieces, and furniture.

Taxis auf Wiens Straßen
Vom Tragsessel zum Mercedes

1910 Die ersten Automobile erobern Wien: Noch dienen hauptsächlich Pferde-kutschen als Taxis. Ein Taxifahrer wartet am Wiener Platz „Am Hof" auf seine Kundschaft. Zu dieser Zeit sind Taxifahrten mit dem Auto eine Ausnahme und besonders teuer. Der Name Taxi leitet sich vom Taxameter ab, dem im Auto angebrachten Messgerät. Erst später wird das Auto selbst Taxi genannt. Das Taxameter war zunächst auch auf den Fiakern angebracht. Es setzte sich 1904 nach langen Protesten der Fahrer durch. Die Anfänge der Taxis sind bei den Tragsesselunternehmen und Fiakern zu suchen.

Taxis on Vienna's Streets

1910 The first automobiles arrive in Vienna. Up to now, horse-drawn carriages were the main mode of taxi transport. The name "taxi" derives from the "Taximeter". This device was originally used by the Fiakers, and later on adapted by the taxi cars.

Durch Öffis ersetzt Um 1900 waren die ersten motorisierten Taxis in Wien unterwegs. Bis 1930 boten bereits beinahe 3000 Taxis ihre Dienste an. Doch mit der Ausweitung der Straßenbahn entstand eine günstigere Alternative zu Fiaker und Taxis. Und der Abwärtstrend hält an: Es werden heute immer weniger Taxis gerufen. Der Ausbau der öffentlichen Verkehrsmittel in Wien setzt der Branche enorm zu. Denn im verkehrsreichen Wien ist die Fahrt im Taxi oft nicht schneller als die Fahrt mit den Öffis. Derzeit absolvieren Wiens 4000 Taxis täglich im Schnitt 80 000 Fahrten. Durch die steigende Zahl der Botendienste haben die Taxis zusätzliche Konkurrenz bekommen. Eine Negativentwicklung, die auch in den nächsten Jahren weiter anhalten könnte.

Replaced by Public Transport The first motorised taxis were used in 1900. By 1930, nearly 3,000 taxis were offering their services. But the introduction of the tram offered a cheaper alternative to Fiakers and taxis. Furthermore, in today's traffic taxis are often no faster than public transport.

Kaffeehaus Demel
Tortenstreit und Politaffäre

1970 Das Kaffeehaus Demel ist neben dem Sacher die zweite Traditionskonditorei in Wien. Lange Zeit war die Sachertorte Anlass eines Rechtsstreits zwischen den beiden Süßbäckern: Sie wurde zwar von Franz Sacher (1816–1907) erfunden, jedoch vollendete sie erst sein Sohn Eduard (1843–1892) während seiner Ausbildung im Demel. Beide Häuser bestanden auf dem Namen „Original Sachertorte". Schließlich einigte man sich außergerichtlich. Das Hotel Sacher nennt die Torte „Original Sacher-Torte". Im Demel ist sie unter dem Namen „Demel's Sachertorte" erhältlich. Das Kaffeehaus erwarb die Familie Demel bereits 1857. Bis 1972 blieb es in Familienbesitz, bis schließlich Udo Proksch (1934–2001) das Demel übernahm.

Kaffeehaus Demel

1970 Along with the Sacher, the Demel coffee house is one of the two most important traditional confectionaries in town. For a long time, the famous "Sachertorte" was subject of a lawsuit: It was invented by Franz Sacher, but his son Eduard perfected it during his apprenticeship at the Demel. Both companies were determined to use the name "Original Sachertorte". The extrajudicial agreement allowed the Sacher Hotel to call it "Original Sacher Torte", and the Demel uses the name "Demel's Sachertorte".

Skandal um den neuen Besitzer Proksch wurde vor allem als Drahtzieher der Lucona-Affäre bekannt: Er charterte 1977 den Frachter Lucona und versicherte die Ladung auf 200 Millionen Schilling. Das Schiff wurde gesprengt, sechs Crewmitglieder starben. Die Versicherungen weigerten sich, den Schaden zu begleichen. Später stellte sich heraus, dass sich nur Schrott an Bord befunden hatte. Betrugsvorwürfe wurden laut, aber es sollte eine Weile dauern, bis die Ermittlungen aufgenommen wurden. Prokschs Beziehungen zu den höchsten Politikern des Landes, die sich im Club 45 im Demel trafen, halfen ihm lange Zeit, den Fall zu vertuschen. Erst als zwei Journalisten 1985 den Fall aufdeckten, wurde auch offiziell ermittelt. Proksch wurde verhaftet, zahlreiche Politiker mussten ihren Hut nehmen. Seit 2002 ist das Demel, das für sein Rokoko-Interieur berühmt ist, in Besitz der Cateringfirma Do & Co.

Scandal around the New Proprietor Udo Proksch, who took the Demel over in 1972, was infamous for his role in the Lucona Affair: In 1977, he chartered the freighter Lucona and insured its cargo for 200 million Schillings. The ship exploded, and six members of the crew lost their lives. The insurance houses refused to pay up, and it was later discovered that the cargo had been worthless. Due to Proksch's relationships with high-calibre Austrian politicians who frequented his establishment, he was able to cover up the fraud until 1985, when he was arrested. Many politicians were forced to resign.

Die Fiakerfahrer
Wiener Originale

1910 Während er am Standplatz an der Ringstraße auf seine Kundschaft wartet, hält dieser Fiaker ein kleines Nickerchen. Ein Bild, an dem sich bis heute kaum etwas verändert hat. Typisches Merkmal für den Fiakerfahrer war seine Kleidung: Zylinder, Rock aus Samt, goldene Uhrkette, Lackstiefeletten und ein langer Kutschermantel waren die wichtigsten Elemente der Tracht. Für viele Menschen gaben schon alleine die Fiakerfahrer Anlass für eine Fahrt: Als Altwiener Originale waren sie oft in der ganzen Stadt bekannt und traten selbst als Sänger oder Pfeifer auf. Oft trugen sie Spitznamen, so hieß der Leibfiaker von Kronprinz Rudolf (1858–1889) Nockerl, aufgrund seiner rundlichen Statur. Doch die Namen wie „Hungerl" und „Der Rote mit der Fliegen" gehören heute längst der Vergangenheit an.

The Fiaker Drivers
1910 Waiting for customers, this Fiaker driver is enjoying a nap. The Fiaker drivers were sporting their distinctive traditional uniform and many of them were originals known all across town. The "onboard entertainment" often included singing or whistling, and many of them had specific nicknames.

Der Tradition verpflichtet Noch immer sitzen häufig Wiener Originale auf dem Kutschbock, auch wenn es keine Berühmtheiten mehr unter den Fahrern gibt. Unter vielen alteingesessenen Fiakern stieß besonders die neue Mode am Kutschbock negativ auf. Eine Kleiderordnung wurde eingeführt, damit Turnschuhe an Kutscherfüßen der Vergangenheit angehören. So schreibt die Betriebsordnung für Fiaker vor: „Deren Bekleidung muss der traditionellen Eigenart der Fiakerfahrer entsprechen. Freizeitkleidung, wie insbesondere Jeans, Parka und Turnschuhe, ist nicht zulässig." Seit 1998 brauchen die Fiakerfahrer eine spezielle Erlaubnis, um die Pferdekutschen lenken zu dürfen. Die Fahrpreise werden übrigens zentral von der Stadt Wien festgelegt.

Bound to Tradition To this day, many of the Fiaker drivers are true Vienna originals, and traditions are still kept in high regard. According their official dress code, they are not allowed to wear "jeans, parkas, and trainers". Prices for Fiaker journeys are determined by the council.

Café Central
Treffpunkt der Literaten

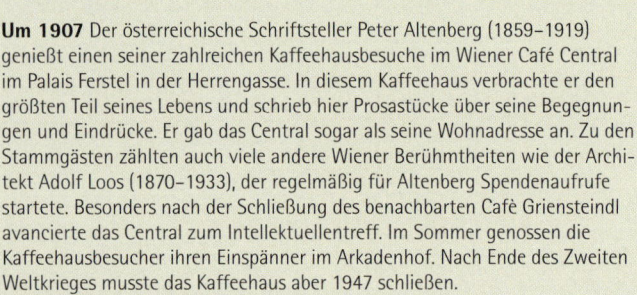

1907

Um 1907 Der österreichische Schriftsteller Peter Altenberg (1859–1919) genießt einen seiner zahlreichen Kaffeehausbesuche im Wiener Café Central im Palais Ferstel in der Herrengasse. In diesem Kaffeehaus verbrachte er den größten Teil seines Lebens und schrieb hier Prosastücke über seine Begegnungen und Eindrücke. Er gab das Central sogar als seine Wohnadresse an. Zu den Stammgästen zählten auch viele andere Wiener Berühmtheiten wie der Architekt Adolf Loos (1870–1933), der regelmäßig für Altenberg Spendenaufrufe startete. Besonders nach der Schließung des benachbarten Cafè Griensteindl avancierte das Central zum Intellektuellentreff. Im Sommer genossen die Kaffeehausbesucher ihren Einspänner im Arkadenhof. Nach Ende des Zweiten Weltkrieges musste das Kaffeehaus aber 1947 schließen.

Café Central
Around 1907 Austrian writer Peter Altenberg enjoys the inspiring atmosphere of the Café Central in the Palais Ferstel. He spent a large part of his life in the coffee house, writing about his encounters and experiences, even stating the Central as his home address. After the closure of neighbouring Café Griensteindl, the Central became a meeting place for intellectuals, but was forced to close in 1947, after WWII.

Vom Intellektuellentreff zum Touristencafé Erst knapp 30 Jahre später wurde das Palais Ferstel renoviert und das Café neu eröffnet. Allerdings bekam das Central einen neuen Platz im Gebäude: Die Räume der einstigen Schalterhalle einer Bank im Palais wurden zum Kaffeehaus umfunktioniert. Der Arkadenhof wird nun für Veranstaltungen genutzt. Bekannt wurde das Central in Österreich vor allem durch die Diskussionssendung des Österreichischen Rundfunks „Café Central", die wöchentlich bis 1991 aus dem Central übertragen wurde. Im Jahr 1986 wurde das Central erneut renoviert. Seitdem ist das Café hauptsächlich ein Anziehungspunkt für Touristen. Doch noch immer ist sein Ruf als Literatentreff nicht verklungen. Heute erinnert eine Pappmaché-Skulptur des Peter Altenberg an dessen Leben im Central.

From Intellectual Coffee House Culture to Tourist Café 30 years later, the Palais Ferstel was renovated and the café opened its doors once more. It achieved further fame through a weekly talk show on Austrian radio called "Café Central". Today, the café is a main attraction for tourists. But its reputation as a meeting place for writers is still very much alive.

Obdachlosigkeit
Von der Floßgasse in die Gruft

1908 Obdachlose finden im Asyl in der Floßgasse ein Quartier für die Nacht. Die Wohnungsnot ist katastrophal: Durch die Zuwanderungen aus den Ländern der Donaumonarchie steigt die Einwohnerzahl Wiens bis auf 2 Millionen an. Zum Vergleich: Heute leben in Wien nur etwa 1,6 Millionen Menschen. 1910 kommt es angesichts der desolaten Bedingungen zu ersten Aufständen: Obdachlose und Mieter demonstrieren gegen die hohen Mietpreise. Daraufhin wird beschlossen, einen Teil der Gebäudesteuer für einen Wohnfürsorgefonds zu verwenden. Doch noch fehlt es an Wohnplatz für die wachsende Bevölkerungszahl. Erst als die ersten Gemeindebauten errichtet werden, verbessert sich die Lage.

Homelessness

1908 Many homeless people find a bed for the night at Floßgasse. The housing situation is disastrous. Immigrants from Danube Monarchy countries have increased Vienna's population to 2 million (today, only about 1.6 million people live here). In 1910, the desperate situation leads to rebellion, when homeless people and tenants demonstrate against high rent prices and the housing shortage. The situation changes when funds are made available for social housing.

Ein Zufluchtsort entsteht Nach den Bombardierungen von 1945 fanden sich 35 000 Menschen in Wien ohne Dach über dem Kopf. Neue Gemeindebauten wurden gebaut. Bis heute entstanden Hunderte Sozialbauten. Trotz vieler Maßnahmen bleibt das Problem der Obdachlosigkeit bestehen. So gibt es zahlreiche Einrichtungen in Wien, die sich der Wohnungslosen annehmen. Eine der bekanntesten davon ist die „Gruft". Bereits 1986 funktionierte der Pfarrer der Mariahilferkirche einen Raum unter der Kirche, ein ehemaliger Pestfriedhof, zur Wärmestube für Obdachlose um. Um das Betreuungsangebot auszudehnen, wurde die Gruft schließlich ausgebaut und um Sanitäranlagen und Küche erweitert. Seit 1994 ist sie täglich von 0–24 Uhr geöffnet und bietet den Obdachlosen neben einem Platz zum Schlafen auch Beratung durch Sozialarbeiter.

A Sanctuary After the bombing campaigns of 1945, 35,000 people found themselves homeless. The development of social housing continues today, but homelessness is still a problem. One of the best known facilities endeavouring to counteract it is the "Gruft" ("tomb"), initiated originally by the parish priest of the Mariahilferkirche, who provided a room underneath the church to homeless people as early as 1986. The Gruft was later expanded, and bathrooms and a kitchen were added.

Hotel Sacher
Höhen und Tiefen einer der besten Adressen Wiens

Um 1910 Das Hotel Sacher feiert in Kürze sein 35-jähriges Bestehen. Seine exklusive Lage zwischen der Wiener Staatsoper und der Kärntner Straße machte das Hotel von Anfang an zu einer der besten Adressen Wiens. Zu dieser Zeit befand sich das exquisite Hotel im Besitz von Anna Sacher (1859–1930), der Witwe Eduard Sachers (1843–1892). Der Sohn des Erfinders der Sachertorte eröffnete hier 1876 das „Hotel de l'Opera". Schon kurze Zeit später wurde das Haus in „Hotel Sacher" umbenannt. Anna Sacher führte nach dem Tod ihres Mannes ein strenges, aber gerechtes Regiment. Man traf sie stets mit ihren Französischen Bulldoggen, den „Sacher-Bullys", an. Als Anna Sacher 1930 starb, hinterließ sie das Hotel durch die schwierigen wirtschaftlichen Verhältnisse nach dem Ersten Weltkrieg hoch verschuldet.

Hotel Sacher
Around 1910 The Sacher Hotel is about to celebrate its 35th anniversary. Its exclusive position between the Vienna State Opera and Kärntner Straße meant that the hotel has always been one of the best addresses in Vienna. However, as a result of the economic crisis after WWI, the hotel was in financial turmoil.

Vom Konkursunternehmen zum Weltexporteur 1934 musste Konkurs angemeldet werden. Daraufhin erwarb Rechtsanwalt Hans Gürtler (gest. 1970) gemeinsam mit Hotelier Josef Siller (gest. 1949) das heruntergekommene Haus. Nach einer grundlegenden Sanierung entwickelte sich das Hotel zu einem beliebten Gesellschaftstreff. Auch die Sachertorte hielt wieder Einzug in Wien. Der Aufschwung endete mit Beginn des Zweiten Weltkrieges. Nach der Befreiung war das Sacher lange in britischer Hand. Erst 1951 wurde das Haus wieder an die Familie Siller übergeben. Nochmals wurde das Hotel saniert. Nach dem Tod der Sillers ging das Hotel in den Besitz der Familie Gürtler über. Unter Peter Gürtler bekam das Sacher einen zweiten Standort in Salzburg. Seit dessen Tod 1990 führt seine Frau Elisabeth Gürtler-Mauthner (* 1950) das Traditionsunternehmen, das die „Original Sacher-Torte" heute in die ganze Welt exportiert.

From Bankruptcy to International Exporter The hotel had to declare bankruptcy in 1934. Lawyer Hans Gürtler and hotelier Josef Siller took the run-down house over, and after restoring it to its former glory, it became a popular meeting place once more. WWII put an end to this prosperous period, and the Sacher remained in British hands until 1951, when it was handed back to its pre-war owners. Today, this traditional institution exports the "Original Sacher-Torte" worldwide.

Opernball
Tradition mit Unterbrechungen

1966 Die Gäste des Opernballs amüsieren sich wie jedes Jahr beim wichtigsten Society-Event Österreichs. In den 1960er-Jahren war Christl Gräfin von Schön-feldt (* 1916) Organisatorin des Großereignisses; sie gilt als die Urmutter des Opernballs. Der Opernball feiert in diesem Jahr das 10. Jubiläum des im Zweiten Weltkrieg zerstörten Gebäudes nach der Wiedereröffnung. Doch der Krieg und seine Folgen sorgten nicht für die einzige Unterbrechung in der langen Balltradition. Auch schon zu früheren Zeiten fand der seit der Zeit des Wiener Kongresses bestehende Ball nicht immer regelmäßig statt. Zuletzt musste 1991 der Opernball aufgrund des Golfkrieges noch einmal ausfallen, man sah die Sicherheit der Opernballgäste gefährdet.

Opera Ball
1966 Revellers at the illustrious Opera Ball enjoy Austria's most important society event. The ball's origins date back to the Vienna Congress.

Ein neues Reglement sorgt für Aufregung In der Staatsoper selbst hielt der Ball aber erst im Dezember 1877 Einzug. Nach dem Untergang des Kaiserreichs fand 1921 die erste Opernredoute der Ersten Republik statt. Die Bezeichnung „Opernball" kam erstmals 1935 auf. Unter der letzten Organisatorin Elisabeth Gürtler-Mauthner (* 1950) erregten zwei Neuerungen Aufsehen: Der Ball wurde rauchfrei und die prestigeträchtigsten Logen in Parterre und Rang können ausschließlich von Geldgebern der Oper gemietet werden. Im Jahr 2008 übernahm Desirée Treichl-Stürgkh (* 1964), Herausgeberin eines Wohnmagazins, die Opernballorganisation. Nachahmer hat der Opernball mit New York und Dubai gefunden: In beiden Städten wird ein „Wiener Opernball" organisiert.

New Rules The Opera Ball has been held at the State Opera since 1877, but its current name was not coined until 1935. In 2008, Desirée Treichl-Stürgkh (* 1964), took on the enormous task of organising the event. Today, both New York and Dubai hold a "Viennese Opera Ball".

Naschmarkt
Süße Versuchungen an der Wien

1899 Am Naschmarkt herrscht geschäftiger Betrieb. Um die Jahrhundertwende erstreckte sich der Marktplatz noch bis zum Karlsplatz und erlaubte einen direkten Blick zur Secession. Der Naschmarkt trug zu Anfang den Namen Aschenmarkt, da sich hier früher eine Aschelagerstätte befand. Lange Zeit war sein offizieller Name auch Kärntnertormarkt. Die Bezeichnung „Naschmarkt" existiert Belegen zufolge seit 1820 und verdankt sich dem Umstand, dass dort häufig süße Früchte und exotische Süßwaren gehandelt wurden. Offiziell wurde der Kärntnertormarkt erst 85 Jahre später, nämlich 1905, zum Naschmarkt. Zur gleichen Zeit führte der österreichische Architekt Otto Wagner (1841–1918) auch die Neugestaltung des Wientals durch.

Naschmarkt

1899 The hustle and bustle of the Naschmarkt stretches all the way to Karlsplatz and provides a direct view of the Secession. This market was originally called Aschenmarkt (Ash Market) as an ash storage facility was located here, and was later renamed "Kärntnertormarkt". The term "Naschmarkt" was coined around 1820 and is a result of the fact that exotic fruit and sweets were sold here, but it was only officially adopted in 1905. At the same time, Austrian architect Otto Wagner redeveloped the Vienna valley.

Treffpunkt für Feinschmecker und Antiquitätensammler Der Wienfluss wurde um die Jahrhundertwende reguliert und größtenteils überbaut. Die so gewonnene Fläche wurde zum Marktgelände. Das Gebiet erstreckte sich von der Operngasse bis zum überdachten Wienfluss, auch Teile des Karlsplatzes gehörten zum Markt. Schließlich kamen Pläne auf, aus dem Markt einen Prachtboulevard zu machen, der sich von der Innenstadt bis nach Schönbrunn erstrecken sollte. Jegliche Gedanken, den Markt zu übersiedeln, um den Neubaumaßnahmen Platz zu machen, wurden aber bei Ausbruch des Ersten Weltkrieges fallen gelassen. Stattdessen errichtete man feste Stände auf dem bestehenden Marktgebiet. Nach Kriegsende wurde der am Karlsplatz befindliche Teil des Marktes aufgelöst. Heute ist neben dem normalen Marktbetrieb vor allem der samstägliche Flohmarkt mit Antiquitätenhandel Anziehungspunkt für viele Einheimische und Touristen.

Meeting Place for Gourmets and Antiques Collectors Around the turn of the 19th century, the Wien River was mostly superstructed. The area created in this manner became a market, stretching from Operngasse to the canopied Vienna River. At one point, plans were made to turn the market into a grand boulevard reaching all the way to Schönbrunn, but those plans were abandoned when WWI broke out. After the war, the Karlsplatz part of the market was closed. Today, normal market activities alongside an antiques flea-market on Saturdays attract large numbers of locals and tourists alike.

Tiergarten Schönbrunn
Der weltälteste Zoo im Wandel der Zeit

1912 Die Elefanten in Schönbrunn sind schon damals ein Highlight für Kinder und Erwachsene. Der Tiergarten befindet sich zu diesem Zeitpunkt mitten in einer Umgestaltung durch den amtierenden Direktor Alois Kraus (1840–1926). Der von den Habsburgern gegründete Zoo besteht damals bereits seit 160 Jahren: Den Bau veranlasste Kaiser Franz I. (1708–1765) um 1745. 1752 zogen die ersten Tiere ein, und bereits 1770 konnten Besucher hier den ersten Elefanten bestaunen. Lange war der Zoo der kaiserlichen Familie vorbehalten. 1778 wurde er schließlich für die Öffentlichkeit zugänglich gemacht. Die Ankunft der ersten Giraffe im Tiergarten im Jahr 1828 war eine besondere Attraktion: Ihre Zeichnung beeinflusste die Wiener Mode und sie zog zahlreiche Besucher an. Zu Beginn des 20. Jahrhunderts zählte der Zoo zu den modernsten Europas

Schönbrunn Zoo
1912 The elephants in Schönbrunn are a highlight for children and adults alike. Founded by the Habsburg family, the zoo is 160 years old: Emperor Franz I commissioned it in 1745. Before it was opened to the public in 1778, it was enjoyed only by the emperor's family. By the early 1920s, the zoo was one of the most modern in Europe.

Tierische Ereignisse Zwischen 1959 und 1987 konnte die Fläche des Zoos um zwölf Hektar vergrößert werden. Dennoch waren die Gehege zu klein und die Besucherzahlen gingen zurück. Unter Zoodirektor Helmut Pechlaner (* 1946) erfuhr der Tierpark ab 1991 eine umfassende Modernisierung. Dabei entstanden unter anderem das Tropenhaus und die Anlage für Große Pandas. Zahlreiche Zuchterfolge gelangen. Doch zwei schwere Unfälle erschütterten den Tierpark in den letzten Jahren. 2002 greift ein Jaguar eine Tierpflegerin an, sie stirbt. Pechlaner selbst will eingreifen und wird schwer verletzt. Im Februar 2005 wird ein Pfleger vom in Schönbrunn geborenen Elefantenbullen Abu erdrückt. Als Pechlaner 2006 in den Ruhestand geht, übernimmt Dagmar Schratter (* 1954) seine Nachfolge als Geschäftsführerin des Zoos.

Animal Magic Towards the end of the 1980s, the zoo's popularity decreased despite continuous expansion. From 1991, an extensive modernisation project was commissioned by the zoo's director Helmut Pechlaner. In recent years, two tragic accidents shook the zoo. In 2002, a jaguar attacked and killed a keeper. Director Pechlaner tried to intervene and was badly injured. In February 2005, a keeper was crushed by elephant bull Abu, born in the zoo.

Wiener Derby
Im Kampf seit über 95 Jahren

1953 Der österreichische Fußballspieler Max Merkel (1918–2006) der Wiener Mannschaft Rapid steckt mitten in einem Zweikampf mit einem Spieler der Wiener Austria. Es ist eines der ersten Spiele, das als Wiener Derby bezeichnet wurde: Erst 1953 kam dieser Name für die Duelle der beiden Mannschaften auf. In dieser Saison überstieg der Publikumszustrom den aller anderen Spiele der österreichischen Bundesliga. Die Rivalität der beiden Vereine bestand schon seit deren Gründung in Hietzing. Rapid startete Anfang des 20. Jahrhunderts als Arbeiterverein, die Austria dagegen als bürgerlicher Verein. Um bei der Austria aufgenommen zu werden, war zunächst sogar ein bestimmter Intelligenzquotient erforderlich. Das erste Spiel zwischen den Vereinen fand 1911 statt.

Vienna Derby
1953 Austrian footballer Max Merkel and his team Rapid are playing in a match against Vienna Austria. This is one of the first football matches under the moniker "Vienna Derby". The Rapid team was founded at the beginning of the 20th century as a working-class club, whereas the Austria team was distinctly middle-class: In order to be accepted by the Austria team, players even had to go through an IQ test!

Die Lokalmatadore bestimmen Österreichs Fußballgeschichte Ein eindrucksvolles Kräftemessen zwischen den Traditionsvereinen brachten die 1920er- und 30er-Jahre: Kraftbündel Franz Binder (1911–1989) von Rapid Wien lieferte sich spannende Zweikämpfe mit Austria-Technikass Matthias Sindelar. Rapid spielte mittlerweile in Hütteldorf, die Austria in Hietzing. Nach dem Zweiten Weltkrieg dominierten sie die Bundesliga. Das Duell um die Meisterschaft wurde zwischen 1978 und 1988 zehn Jahre lang nur unter den beiden Mannschaften entschieden. Doch dann erkämpften Sturm Graz und

Austria Salzburg den Meistertitel, das Publikumsinteresse flaute ab. Seit dem Einstieg Frank Stronachs (* 1932) in die Austria und dem Meistertitel Rapids 2005 ist, wie auch beim abgebildeten Derby vom 25. November 2007 zu sehen, die Begegnung Rapid gegen Austria wieder ein Publikumsmagnet.

Local Heroes Determine Austria's Football History The traditional football clubs always enjoyed a healthy sense of competition. After WWII, they were the driving forces of the Austrian football league.

Fußball in Wien
Traditionsverein Rapid und die Fankultur

Um 1950 Da die Eintrittskarten zu den Fußballspielen oft sehr teuer und schnell ausverkauft sind, verschaffen sich diese Herren einen Gratisblick auf das Match. Eine lange Tradition pflegt der Wiener Verein Rapid, der eine besonders große und aktive Fanbasis hat. Sogar eigene Bräuche entstanden rund um den Verein: Bereits 1919 wurde zum Beispiel die erste Rapidviertel-stunde eingeklatscht. Darunter verstehen Fans die letzten 15 Minuten jedes Spieles. Da Rapid häufig entscheidende Spiele erst in den letzten Minuten eines Matches für sich entscheiden konnte, führten die Fans diese Sitte ein. Die ganze Atmosphäre bei den Spielen der Hütteldorfer ist einzigartig. Besonders lautstark geht es zu, wenn die Rapid-Fanclubs ihre Mannschaft mit Wechselgesängen anfeuern.

Football in Vienna
Around 1950 To avoid expensive ticket prices, these gentlemen have found a way to watch the match for free.

Eine Fangemeinde feiert seit über 100 Jahren Der SK Rapid, der 1899 gegründet wurde, hat zahlreiche Fanclubs in Wien. Derzeit sind es laut Vereinsleitung 126 offizielle Clubs. Rapids Heimstation ist das Hanappi-Stadion, benannt nach der Rapid-Legende Gerhard Hanappi (1929–1980). Der Westblock des Stadions ist für die Fans reserviert. Hier wird noch heute die Rapidviertelstunde eingeklatscht. Am 4. März 2007 zogen die Anhänger des Vereins erstmals als angemeldeter Demonstrationszug zum 280. Wiener Derby ins Franz Horr-Stadion, das Heimstadion des Gegners Austria Wien. Das Spiel ging an die Austria verloren. Die Emotionen bei den Anhängern beider Vereine kochten während und nach dem Match wie so oft hoch, es kam zu Ausschreitungen, bei denen auch zwei Polizisten verletzt wurden.

A Fan Base for More than 100 Years The Rapid team, founded in 1899, has numerous fan clubs in Vienna (the official number is 126). Rapid's home turf is the Hanappi Stadium, and its west block is reserved for the fans. The Franz Horr Stadium is home to opponents Austria Vienna. Tempers between the two fan bases have been known to flare up and turn violent on occasions.

Pratervergnügen
Ein Riesenspaß für Jung und Alt

1910 Heute gibt es für die Kinder eine Premiere beim Wurstelpraterkasperl. Das Kasperltheater zieht die Kinder völlig in seinen Bann. Der Kasperl, der damals auch Wurstel genannt wurde, war neben einem Bierlokal die erste Attraktion im Prater. Ihm verdankte der Wurstelprater seinen Namen. In den Anfängen des Kasperltheaters nahm der Wurstel noch die Mächtigen auf die Schippe. Den Regenten gefiel das allerdings gar nicht. Unter Maria Theresia (1717–1780) kam es zu ersten Zensuren, die das Ende des Stegreiftheaters bedeuteten. Weitere Verbote folgten im Dritten Reich und sogar bis 1970 wurden Kasperlvorstellungen noch zensiert. Heute sind keine politischen Statements mehr enthalten und so ist der Kasperl zum reinen Kindervergnügungstheater geworden.

Fun at the Prater
1910 Children enjoying a Punch & Judy-style show in the Wurstelprater. The Punch (also known as "Wurstel", hence the amusement park's name!) show was the main attraction in the Prater – apart from the beer gardens. "Wurstel" would poke fun at the ruling classes, who obviously were not amused. Censorship began under the reign of Empress Maria Theresia and continued during the Third Reich and even until the year 1970. Today, the "Kasperltheater" is free of political content.

Und ewig leuchten die Kinderaugen Wenngleich sich am Erscheinungsbild des Vergnügungsparks sehr viel verändert hat, so war und ist der Prater immer ein Anziehungspunkt vor allem für die Kinder. Heute gibt es im Prater zahlreiche Aktionen speziell für die Kleinen: Einmal Feuerwehrmann sein, Kinderzirkus, Familienfeste und Ferienspiele geben neben den kindgerechten Attraktionen regelmäßig Anlass für strahlende Kinderaugen. Doch auch traditionellere Vergnügen haben die Zeit überdauert: Bereits seit 1887 existierte das Ponykarussell und zeigt, dass nicht nur moderne Anlagen bei den Kleinsten für Spaß sorgen. Und seit 1990 spielt im Prater auch wieder der Kasperl, der für die jungen Besucher kaum an Faszination verloren hat.

When Children's Eyes Are Smiling The Prater amusement park has always been a main attraction for children, and it has much to offer them: Being a fireman for the day, going to the circus, enjoying a family party or one of the many rides – there is something for everyone. But traditional activities have survived, too: The beautiful merry-go-round with its ponies has been a constant hit with the little ones since 1887. And the Punch & Judy-style "Kasperltheater" was reintroduced to the young visitors' unchanged delight in 1990.

Um 1910 Der treffende Titel der Postkarte „Sucht's euch was aus" erklärt das Bild wie von selbst: Der Vater, die Melone, auf Wienerisch: den „Stösser", bereits ins Genick geschoben, zeigt sich in Spendierlaune. Zu dieser Zeit gehörten neben dem Riesenrad und der ersten elektrischen Grottenbahn auch Bauchredner, das Kasperltheater, bärtige Damen, Kinder- und Ponykarussells sowie eine Sommerrodelbahn im Wiener Prater zu den Hauptattraktionen für Groß und Klein. Wie die damals so beliebten Kuriositätenkabinette gehören auch die Bauchläden, wie auf dem Bild zu sehen, längst der Vergangenheit des Praters an. Doch am Vergnügen für die Kinder hat sich im Laufe der Zeit kaum etwas verändert.

Around 1910 A typical postcard of the time: Dad, in a visibly relaxed mood, is feeling generous. At this time, the Vienna Prater boasted its famous Ferris wheel along with the first electrical "Grottenbahn" (a kind of cavern ride), ventriloquists, a Punch & Judy show, bearded ladies, merry-go-rounds, and a summer toboggan run. Many of these attractions have not survived the passing of time, but the children enjoy themselves as much as they always did.

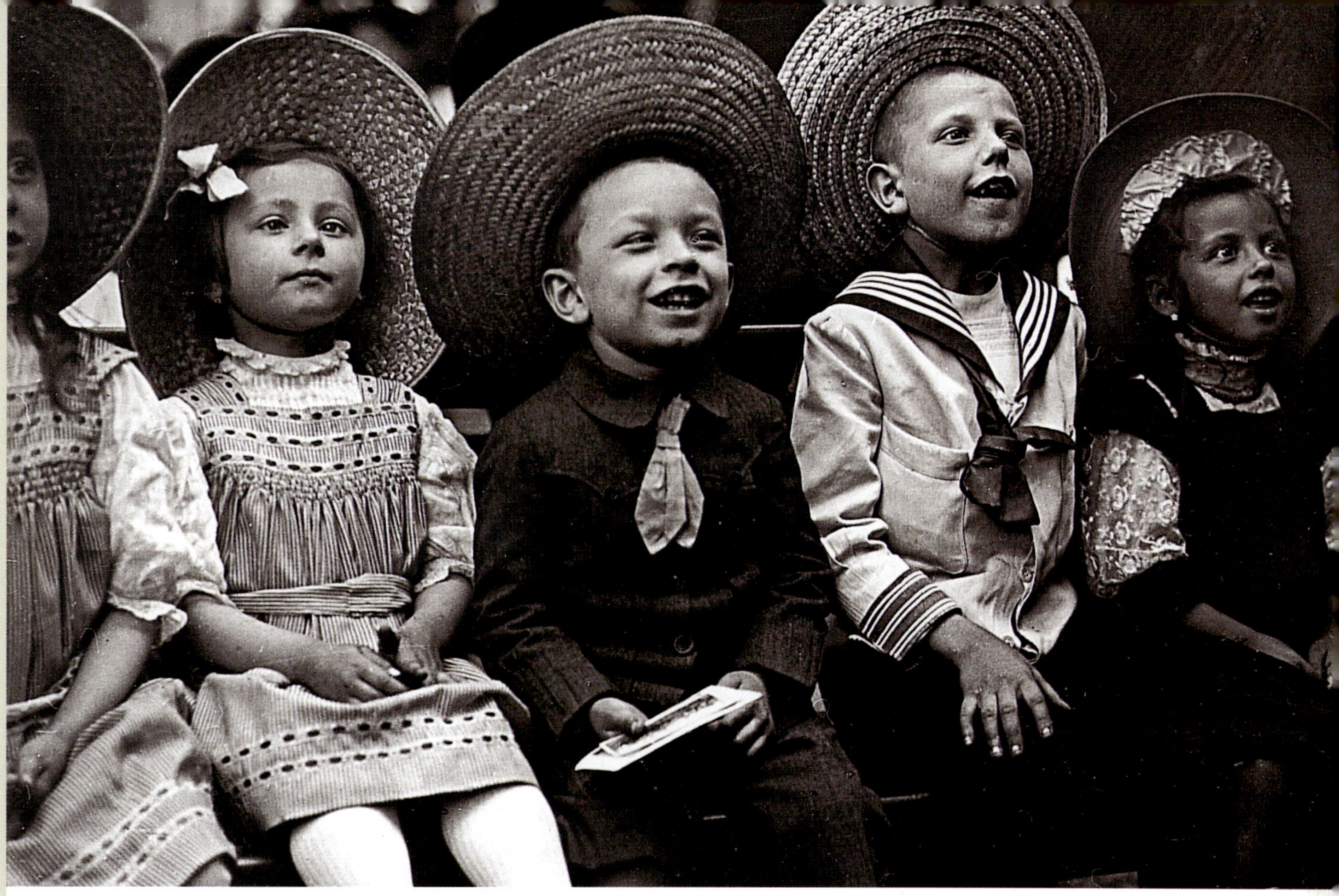

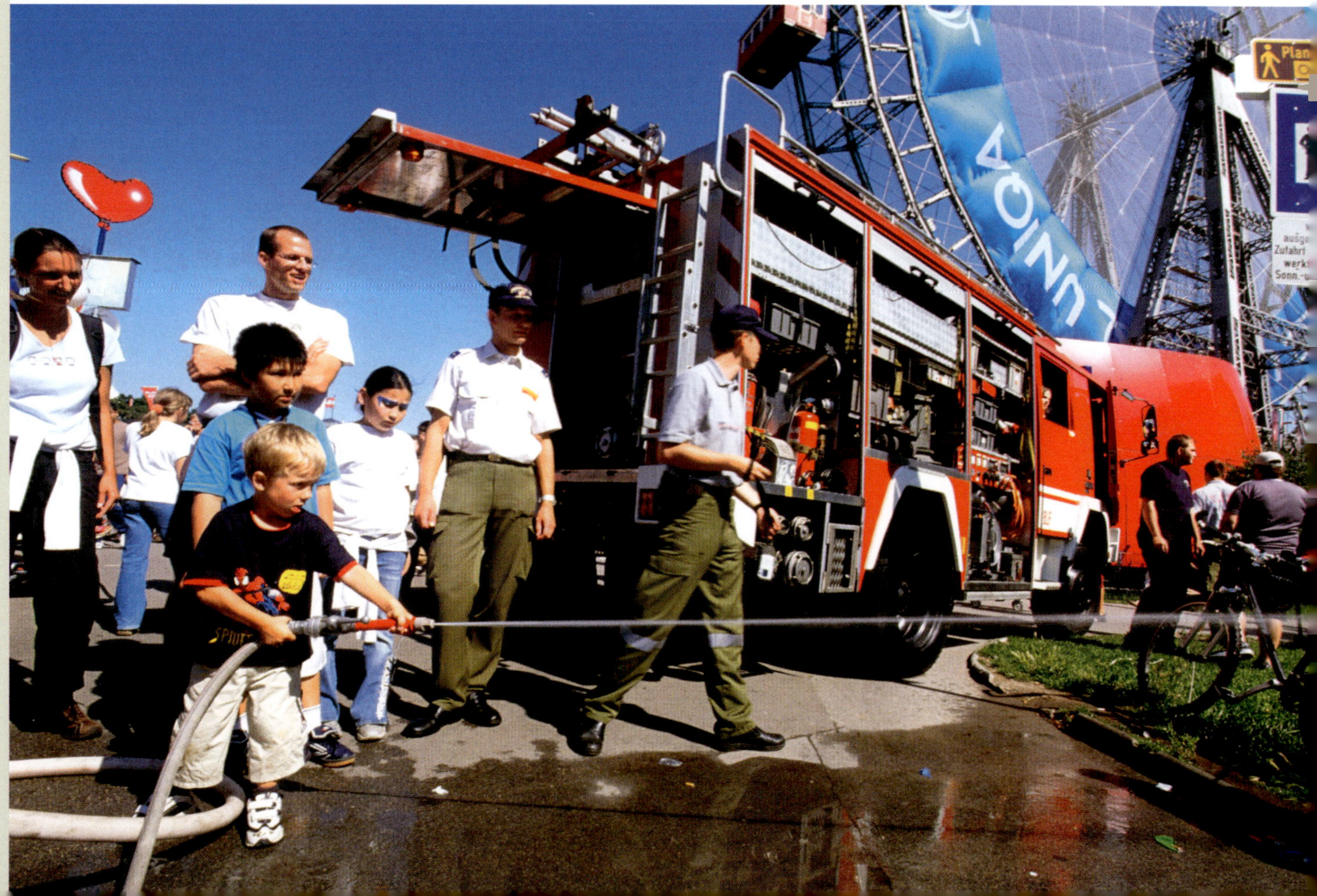
UNIQA

Tanken in Wien
Von der Milchkanne zur Zapfsäule

1913 Hinter dem prächtigen Portal in der Rasumofskygasse im 3. Wiener Gemeindebezirk Landstraße verbirgt sich eine der ersten österreichischen Tankstellen. Allerdings musste sie zu diesem Zeitpunkt noch ohne Zapfsäule auskommen: Der Treibstoff wurde in Apotheken verkauft. Und tatsächlich gilt eine Apotheke in Deutschland als erste Tankstelle der Welt. Oft wurde das Benzin in Milchkannen gefüllt. Schwere Unfälle waren häufig Folge dieses eklatanten Sicherheitsrisikos. Die ersten Zapfsäulen kamen mit der wachsenden Anzahl an Autos in den Zwanzigerjahren auf. „Die Eisernen Ladys", wie die aus Amerika kommenden Zapfsäulen in Wien genannt wurden, waren technisch noch lange nicht so ausgereift wie heute.

Petrol Stations in Vienna
1913 Hidden from view behind the stunning portal in Rasumofskygasse in the 3rd Vienna District Landstraße is one of the first Austrian petrol stations. At the time, petrol was sold in chemists shops, in fact a German pharmacy is considered to be the first petrol station ever. Petrol was often filled into milk containers, a practice which frequently resulted in tragic accidents. Introduced in the 1920s, the first petrol pumps came from America and were commonly known as "Iron Ladies".

Das Angebot wird immer breiter Die ersten Tanksäulen mussten noch von Hand bedient werden. Seit Mitte der 1930er-Jahre war es bereits möglich, Preis und Menge des Benzins abzulesen. Langsam erweiterte sich auch das Angebot der Tankstellen. Zunächst konnte man nur Autopflegeprodukte und Imbisse erwerben. Doch in den 1970er-Jahren hielten schließlich die ersten Shops Einzug. Kurz darauf folgten angeschlossene Gastronomiebetriebe und Bistros. Die stetig fallenden Ölpreise in den 1950er-Jahren gipfelten am 14. September 1960 in der Gründung der Organization of the Petroleum Exporting Countries, kurz OPEC. Die OPEC hat zur Aufgabe, die Ölfördermenge zu kontrollieren, um den Ölpreis zu regulieren. Seit 1965 hat sie ihren Sitz in Wien.

A Plethora of Services The product range offered in petrol stations became increasingly varied: From car-maintenance products to papers, sweets to hot and cold food, anything is available. Falling oil prices in the 1950s led to the foundation of the Organization of the Petroleum Exporting Countries, or OPEC, on the 14th of September 1960. The OPEC controls oil production and, hence, oil prices. Its headquarters have been in Vienna since 1965.

Die Wiener Straßenbahn
Von echten Pferdestärken zum schaffnerlosen Betrieb

Mai 1957 Wieder steht die Wiener Straßenbahn vor einer großen Neuerung. Der auf dem Bild zu sehende Straßenbahntyp, der gerade völlig überfüllt über die Reichsbrücke in Richtung Kaisermühlen fährt, wurde ab 1958 sukzessive durch die Gelenkwagen der Firma Gräf & Stift ersetzt. Das Konzept des Großraumwagens, der nur in eine Richtung bedienbar ist, blieb aber bis heute erhalten. Die Bim, wie die Straßenbahn umgangssprachlich in Wien genannt wird, machte schon vor den 1950er-Jahren einige Veränderungen durch. Nach dem Anschluss an das Deutsche Reich 1938 wurde von Links- auf Rechtsverkehr umgestellt. In der Nachkriegszeit war ein Großteil des Streckennetzes und der Wagen zunächst beschädigt. Erst 1950 war das Gleissystem größtenteils wiederhergestellt.

May 1957 The type of tram seen here was gradually replaced by articulated vehicles. The "Bim" as the tram is known in Vienna has undergone huge changes over the decades.

Niederflurfahrzeuge für die Barrierefreiheit 1995 nahm die Niederflurstraßenbahn ULF (Ultra Low Floor = extrem niedriger Boden) erstmals ihren Betrieb auf. Mit einer Einstiegshöhe von nur 18 Zentimetern ist der Einstieg auch für Rollstuhlfahrer problemlos möglich. Doch zwischen der Wiederherstellung des Gleissystems in den Nachkriegsjahren und dem ersten Einsatz der Niederflurstraßenbahn gab es in der Geschichte der Wiener Straßenbahn noch einige Entwicklungen. 1976 waren nach der Einführung der ersten Gelenkwagen im Jahr 1958 bereits 427 Modelle der Hochflurwagen in Wien unterwegs. Aus wirtschaftlichen Gründen begannen die Wiener Linien 1964 mit dem schaffnerlosen Betrieb. Zunächst gab es nur schaffnerlose Beiwagen, ab 1972 folgten nach und nach auch die Antriebswagen. Im Dezember 1996 beendete schließlich auch der letzte Schaffner seinen Dienst.

ULF Trams In 1995, the first ULF (Ultra Low Floor) trams were introduced. Their floor level of just 18 centimetres provides easy access for wheelchair users. Today's trams run without conductors.

1910 Die Fahrkarten werden beim Schaffner bezahlt. In diesem Jahr begann die Auslieferung neuer Straßenbahnwagen, bis zu diesem Zeitpunkt waren die Plattformen noch nicht verglast. Bereits 13 Jahre zuvor nahmen die Straßenbahnen ihren elektrischen Betrieb auf. Von 1840–1897 bestand der Antrieb noch in echten Pferdestärken. Die erste Pferdetramway führte vom Donaukanal bis zum Vergnügungsetablissement „Kolosseum" in der Jägerstraße. Im Jahr 1903 fuhr die Pferdebahn zum letzten Mal. Die erste elektrische Straßenbahn nutzte die Gleise der heutigen Straßenbahnlinie 5. Rückschläge gab es besonders im Ersten Weltkrieg: Der Betrieb der Straßenbahn ließ sich kaum aufrechterhalten, Frauen übernahmen die schwere Arbeit, teilweise musste der Betrieb aber dennoch ausfallen.

The Vienna Tram
1910 Tickets are bought directly from the conductor. Electric trams are relatively modern in comparison to their predecessors, which utilised real horse power. During WWI the trams were mainly run by women.

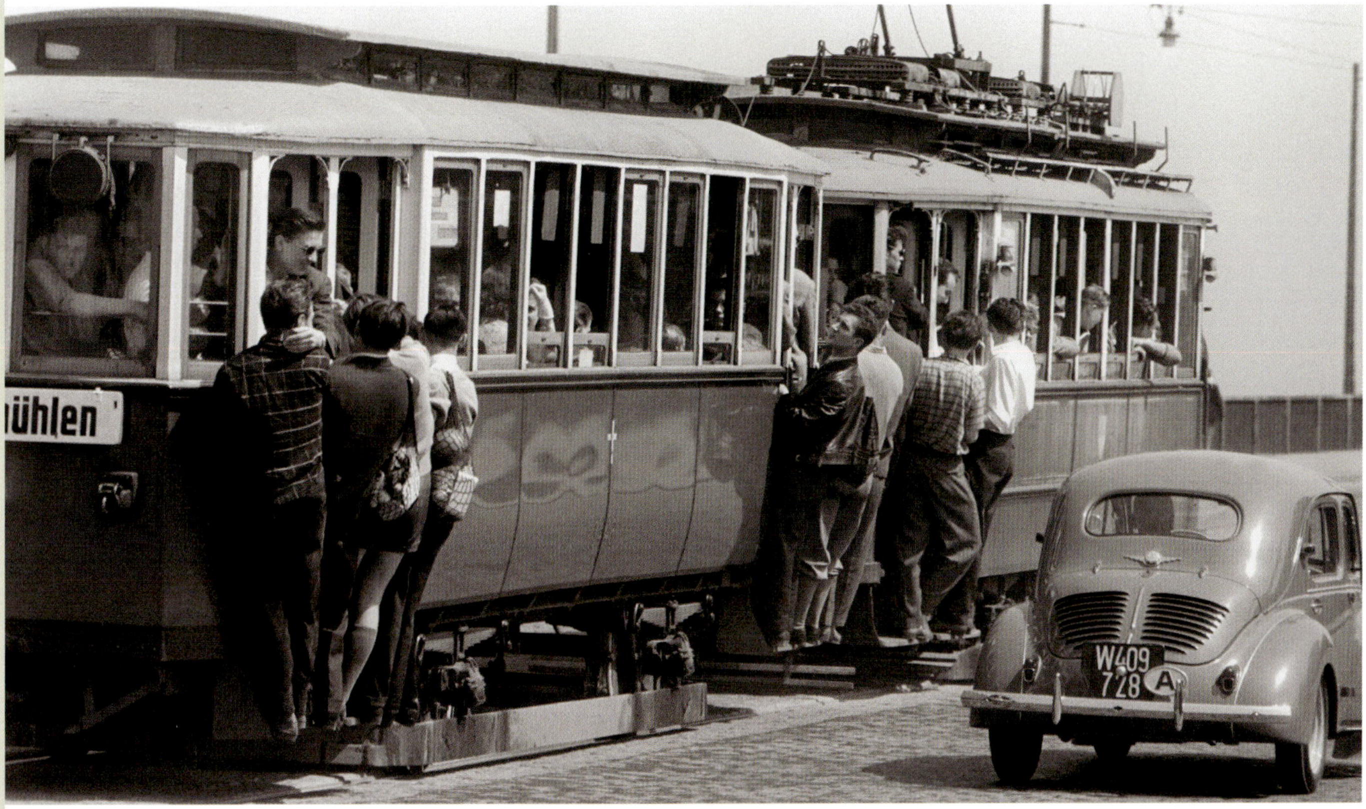
ühlen
W409
728
A

Sonderzug
673
KLIMa BIM
Einsteigen. Informieren. Diskutieren.
KLIMa BIM
Der Klimaschutz-Sonderzug der Stadt Wien
Service der Wiener Umweltstadträtin
Der Klimaschutz-Sonderzug

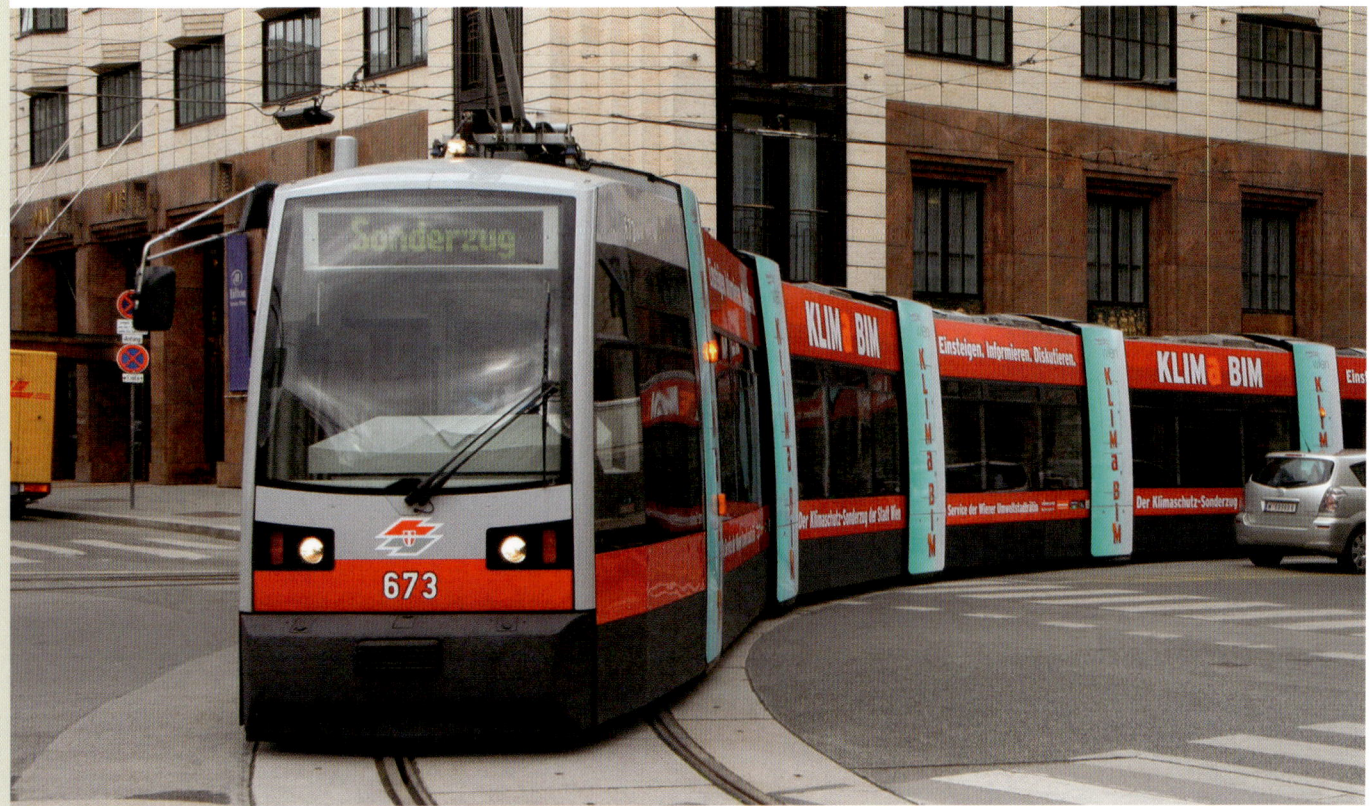

Unmenschliche Verbrechen Das einst so berühmte und beliebte Café Rembrandt überstand die Ausschreitungen der Reichspogromnacht nicht. Fassaden und Bürgersteig sind mit antisemitischen Parolen beschmiert. Durch die unfassbare Grausamkeit des Holocaust wurden in Wien nicht nur 92 Synagogen, sondern auch viele Orte gelebter Kaffeehauskultur zerstört.

Inhumane Crimes The Café Rembrandt, once both extremely famous and enormously popular, did not survive the violent excesses of the "Night of Broken Glass". Façade and pavement were covered in anti-Semitic graffiti. The indescribable brutality of Holocaust led to the indiscriminate destruction of 92 Vienna synagogues as well as many traditional coffee houses.

Krieg und Zerstörung

Wieder auferstanden Im April 1945 tobte in der Stadt selbst und im angrenzenden Wienerwald im Zuge der Wiener Operation eine heftige Schlacht zwischen der Roten Armee und der deutschen Wehrmacht. Dies gipfelte in einem Häuserkampf und in wilden Angriffen aus der Luft. Es gab kaum ein Haus in Wien, das nicht von Bomben oder ausbrechenden Feuern in Mitleidenschaft gezogen wurde. Die nach 1945 vollzogene Teilung Wiens in vier Sektoren erschwerte die Aufbauarbeiten nach Kriegsende. Heute sind die grausamen Vermächtnisse des Krieges zwar nicht mehr im Stadtbild, aber vor allem im Verschwinden der einst so reichen jüdischen Kultur der Stadt zu spüren.

Like Phoenix from the Ashes A violent battle took place between the Red Army and the German Wehrmacht in April 1945. Military operations on urban terrain as well as air raids caused wide-spread damage, and nearly all buildings in Vienna were affected by bombs or the resulting fires. After 1945, the city was divided into 4 allied zones, which hampered restoration efforts. Today, the devastating effects of the war are no longer apparent in the cityscape, but they are still tangible in the painful loss of its once rich Jewish culture.

Leopoldstädter Theater
Eine Traditionsbühne gerät in Vergessenheit

Um 1820 Das Leopoldstädter Theater steht damals bereits seit 40 Jahren in der Praterstraße 31 im 2. Wiener Gemeindebezirk. 1781 wurde das Haus von Direktor Karl Edler von Marinelli (1745–1803) eröffnet. Auf dem Spielplan stehen neben Zauberpossen auch Parodien und Singspiele. Einer der bekanntesten Schauspieler und Regisseure des Theaters ist Ferdinand Raimund (1790–1836). Er kommt 1817 an das Haus und schreibt als erstes Stück „Der Barometermacher auf der Zauberinsel" – ein Publikumserfolg. 1828 wird Raimund für zwei Jahre zum Direktor des Leopoldstädter Theaters. Zu seinen bekanntesten Werken gehört der „Verschwender", den er 1834 schreibt. Schließlich wird das Theater 1838 an Carl Carl (1787–1854) verkauft. Der neue Besitzer, dessen bürgerlicher Name Karl von Bernbrunn lautete, ließ das Leopoldstädter Theater teilweise abreißen und im Anschluss von den bekannten Architekten August Sicard von Sicardsburg (1813–1868) und Eduard van der Nüll (1812–1868) umbauen. Es eröffnete 1847 unter dem Namen Carltheater neu.

Leopoldstädter Theatre
Around 1820 The Leopoldstädter Theatre on Praterstraße 31 in the 2nd Vienna District was founded by Karl Edler von Marinelli in 1781. Its repertoire included musical comedies and parodies. The theatre was bought by Carl Carl in 1838. The new owner, real name Karl von Bernbrunn, had parts of the Leopoldstädter Theatre demolished, and commissioned famous architects August Sicard von Sicardsburg and Eduard van der Nüll to renovate it. In 1847, it opened its gates under the new name Carltheater.

Um 1880 Vor allem Volksstücke und Operetten standen im Carltheater auf dem Programm. Zahlreiche Werke von Johann Nepomuk Nestroy (1801–1862) erlebten hier ihre Premiere. Schließlich wurde Nestroy 1854 für sechs Jahre Direktor des Theaters. Anfang des 20. Jahrhunderts bringen zahlreiche Wechsel in der Theaterführung das Schauspielhaus in große finanzielle Schwierigkeiten, sodass es letzten Endes 1929 geschlossen wurde. In den Wirren des Zweiten Weltkrieges wird das Theater 1944 fast vollständig zerstört und muss zum zweiten Mal in seiner Geschichte abgerissen werden.

Around 1880 Besides operettas and folk theatre, many works written by Johann Nepomuk Nestroy were premiered here. He became director of the theatre for six years from 1854. In the early 20th century, fluctuating fortunes led to financial difficulties, and the theatre closed in 1929. It was almost completely destroyed during WWII.

Von der Bühne zum Hochhaus Lange Zeit blieb der Platz, wo früher das
Theater stand, ungenutzt. Erst Mitte der 1970er-Jahre läutete hier der Bau
des Galaxy Towers eine neue Ära ein. Im Jahr 2002 wird das Hochhaus völlig
erneuert und aufgestockt. Wegen seiner 21 Stockwerke ist der Bau auch unter
dem Namen Galaxy 21 bekannt. Das Bürogebäude ist unter anderem Sitz des
neuen Büros der Weltbank. Einige Zeit erinnerte noch eine Tafel an das Theater,
bis auch diese entfernt wurde.

From Theatre to Skyscraper After the ruins of the theatre had been demolished, the area remained untouched until the mid-1970s, when the impressive
Galaxy Towers were built. The skyscraper is also known as "Galaxy 21" as it
consists of 21 floors. Amongst many other companies and institutions, the
World Bank has offices here.

Leopoldstädter Tempel
Opfer der Grausamkeit des Naziregimes

Um 1900 Der Leopoldstädter Tempel ist zu dieser Zeit noch im Bau. Die jüdische Synagoge befindet sich in der Pazmanitengasse 6 im 2. Wiener Gemeindebezirk Leopoldstadt. Der ganze Bezirk war zu dieser Zeit stark von der jüdischen Kultur geprägt, sehr viele Juden siedelten sich hier an. Vor dem Anschluss Wiens an das Dritte Reich gab es hier eine Vielzahl jüdischer Tempel, die aber in der Reichspogromnacht 1938 zerstört wurden. Die Vorzeichen der nahenden Katastrophe waren bereits Anfang des Jahres spürbar. Jüdische Geschäfte mussten die Aufschrift „Jude" an ihren Auslagen anbringen, die Israelitischen Kultusgemeinden wurden zu Vereinen herabgesetzt.

Leopoldstädter Temple

Around 1900 The Leopoldstädter Temple is still under construction. The Jewish synagogue is in the 2nd Vienna District Leopoldstadt, where many Jews live. Many of the Jewish Temples were destroyed during the "Night of Broken Glass" 1938.

1938 Als am 7. November 1938 Herschel Grynszpan (1921–1960) aus Protest gegen die Judenverfolgung und die Abschiebung seiner Eltern, auf den deutschen Botschaftssekretär Ernst Eduard von Rath (1909–1938) schießt, kommt es in der Nacht auf den 10. November zu einer Vergeltungsmaßnahme gegen die Juden im Deutschen Reich. In dieser und den darauffolgenden Nächten werden allein in Wien 42 Synagogen angezündet. Jüdische Geschäfte werden geplündert und zerstört. Tausende Juden werden ins Konzentrationslager geschickt. Auch der Leopoldstädter Tempel wird in der Reichspogromnacht völlig zerstört.

1938 Jewish citizens are forced to adopt the middle names Israel and Sara, respectively, and their identity documents are marked. When Herschel Grynszpan assassinated German diplomat Ernst Eduard von Rath on 7 November 1938, incensed by the persecution of Jews and the deportation of his parents, it served as a pretext for the brutal retaliation of "Kristallnacht" on 10 November. In Vienna alone, 42 synagogues were set alight; Jewish shops were looted and destroyed. Thousands of Jews were sent to concentration camps. The Leopoldstädter Temple was also razed to the ground.

Zentrum zwischenmenschlicher Hilfe Erst 1921 nach einem Großbrand aufwendig saniert, liegt der Haupttrakt des Tempels am 10. November 1938 mitsamt der Synagoge in Schutt und Asche. Der südliche Trakt wird schließlich 1951 durch ein Wohnhaus ersetzt. Im nördlichen Teil des Gebäudes befindet sich noch heute eine Betstätte der jüdischen Gemeinde. Eine Gedenktafel erinnert seit den 1990er-Jahren an die Ereignisse jener Nacht. Anstelle der Synagoge entsteht ein Neubau. Um Betroffenen bei der Verarbeitung der Ereignisse des Zweiten Weltkrieges zu helfen, wird hier 1994 das sozialmedizinische Zentrum „ESRA" gegründet. Es unterstützt auch jüdische Immigranten bei ihrer Integration.

Centre of Humanitarian Help The synagogue and the main wing of the temple are completely destroyed on 10 November 1938. Today, a Jewish place of worship can be found in the north wing, whilst the main wing was replaced by a new building. In order to help victims deal with the tragic events of WWII, the social-medical centre "ESRA" was founded here in 1994.

Donaukanal
Geprägt durch Gefechte in der Schlacht um Wien

Juli 1945 Der Donaukanal wurde zum Schauplatz des Zweiten Weltkrieges:
Zahlreiche Häuser sind ausgebombt und Brücken eingestürzt, hier tobte während des Krieges eine entscheidende Schlacht zwischen der Roten Armee und
der deutschen Wehrmacht. Die Deutschen hielten im April des Jahres noch
den Wiener Gemeindebezirk Leopoldstadt, die Rote Armee besetzte bereits die
Innenstadt. Doch lange konnte die Wehrmacht die Rote Armee nicht aufhalten.
In der Nacht vom 11. auf den 12. April gelang den Russen der Sprung über
den Donaukanal und innerhalb weniger Stunden nahmen sie die Leopoldstadt
ein. Leider kam die schnelle Eroberung für viele jüdische Einwohner zu spät:
Die SS erschoss angesichts der drohenden Niederlage noch jeden Juden, der ihr
über den Weg lief.

Danube Canal

July 1945 The Danube Canal is a main target during WWII. Many buildings
have been razed to the ground, bridges have collapsed, and the decisive
battle between the Red Army and the German Wehrmacht took place here.
During the night of 11–12 April, Russian forces succeeded in crossing the
Danube Canal and taking the Leopoldstadt area. Tragically, it was too late
for many Jewish citizens: Facing defeat, the SS shot any Jewish person they
encountered.

Verlorene Pracht Die erbitterte Schlacht um den Donaukanal hatte schwerwiegende Folgen: Viele Häuser wurden zerstört. Herrschte hier einst ein Stadtbild ähnlich dem am Ring, so ist inzwischen kaum mehr etwas von dem damaligen Flair um das Flussbett zu erkennen. Die einst prächtigen Häuser mit ihren ausgeschmückten Fassaden wurden durch einfache Neubauten ersetzt. 1946 kamen erste Ideen auf, das linke Kanalufer zu einer Freizeitpromenade auszubauen. Pläne, die bis heute nur teilweise verwirklicht wurden. Sommerbäder auf Badeschiffen, Strandbars und Anlegestellen der Donauschifffahrt sorgen mittlerweile für regen Betrieb am Kanal. Seit Mai 2008 kann man, durch einen Tunnel von der umgebauten U2-Station aus, den Donaukanal unterqueren.

Lost Splendour The violent battle for the Danube Canal resulted in the destruction of many historic buildings. Once as resplendent as the Ring, with stunning buildings and intricate façades, today's picture is much more sober. The left bank of the Canal has been turned into a popular leisure area with open-air pools on ships, beach bars, and various landing docks for Danube ferries and pleasure boats. In May 2008, an underpass beneath the Danube Canal was opened.

Börse
Finanzmarkt im Herzen Wiens

13. April 1956 Ein Großfeuer bricht aus und lässt den Hauptflügel der Börse bis auf seine Grundmauern niederbrennen. Als Ursache wurde später eine Zigarette ausgemacht, die durch ein Gitter am Gehsteig in den Keller der Börse geriet. Durch den Brand entstand ein Schaden von über 10 Millionen Schilling. Der Prachtbau an der Wiener Ringstraße aus dem 19. Jahrhundert wurde bis zum Zweiten Weltkrieg als Wertpapiermarkt genutzt. Zwischen 1945 und 1948 blieb die Börse aufgrund der Kriegsfolgen zunächst geschlossen. Bis 1956 wurde das von Theodor Hansen (1813–1891) geplante Gebäude dann als Verkaufsbasar genutzt. Kurz nach dem Brand bekam Erich Boltenstern (1896–1991) den Auftrag für die Renovierung.

Stock Exchange
13 April 1956 A large fire, caused by a cigarette butt that was dropped through a street-level grid into the cellar, razes the main wing of the Stock Exchange to the ground, resulting in 10 million Schillings worth of damages. The magnificent 19th century building on the Ringstraße remained unused during the war years of 1945–1948. Shortly after the fire in 1956, Erich Boltenstern was commissioned to oversee the renovation.

Alte Börse in neuem Glanz Bei der Renovierung planten die Auftraggeber gleich die Modernisierung des Gebäudes ein. Denn die Architektur der Alten Börse aus dem 19. Jahrhundert, für deren Bau Kaiser Franz Joseph I. (1830–1916) 1870 eigens ein Grundstück zur Verfügung stellte, entsprach längst nicht mehr modernen Standards. Der Bau der Alten Börse hatte damals große Schwierigkeiten bereitet. Schuld waren die Detailversessenheit des Architekten und Lieferengpässe. Die Börse konnte schließlich erst sieben Jahre später, am 12. März 1877, ihren Betrieb aufnehmen. Bei der Neugestaltung der Börse nach dem Brand blieben diese Probleme glücklicherweise aus. Schon 1959 wurde die Börse an der Ringstraße wieder eröffnet. Bis kurz vor der Jahrtausendwende behielt die Wiener Börse hier noch ihren Sitz, im Jahr 1998 übersiedelte sie in die Wallnerstraße.

The Old Stock Exchange Enjoys New Glory The architecture of the old Stock Exchange (built in the 19th century under extreme difficulties due to the architect's excessive attention to detail and supply bottlenecks) needed to be updated. Originally opened in 1877, the new Stock Exchange in Ringstraße was inaugurated in 1959 and remained at this location until shortly before the millennium. In 1998 it was moved to Wallnerstraße.

Burgtheater
Eine Bühne als Instrument der Machthabenden

1938 Anlässlich seines 50-jährigen Bestehens präsentiert sich das Burgtheater geschmückt mit Hakenkreuzfahnen. In diesem Jahr wurde eine Inszenierung von „Don Carlos" gezeigt, die sich streng an der Ideologie Hitlers anlehnte. Adolf Hitler selbst besuchte die Aufführung. Aus Angst vor einem Attentat sollte es aber bei diesem einen Besuch bleiben. Die Ideologie des Naziregimes hinterließ am Burgtheater deutliche Spuren. Alle Darsteller, die nach dem Reichsbürgergesetz als jüdisch eingestuft wurden, mussten das Theater verlassen. Entsprechend waren auch die Inszenierungen vom nationalsozialistischen Gedankengut geprägt. Im Dritten Reich wurde das Theater aber nicht zum ersten Mal für die Zwecke der Machthaber instrumentalisiert.

Burgtheater

1938 On the occasion of its 50th anniversary, the Burgtheater is decked with Swastika flags. This year also sees a production of "Don Carlos" which strongly reflects Hitler's ideology. Hitler himself watched the play, but it remained his only visit due to worries about a potential assassination attempt. The Nazi regime resulted in all actors deemed Jewish under the law having to leave the company. But this was not the only time the theatre was abused for the purposes of politics.

Auf dem Weg in die Unabhängigkeit 1776 wurde das Theater, das sich zu der Zeit noch am Michaelerplatz befand, unter Kaiser Joseph II. (1741–1790) erstmals zensiert: Um die Zuschauer bei Laune zu halten, mussten alle Stücke ein glückliches Ende haben. Erst 1888 übersiedelte „die Burg" an seine heutige Spielstätte, den Ring. Erbaut wurde das Gebäude nach Plänen von Karl Freiherr von Hasenauer (1833–1894) und Gottfried Semper (1803–1879). Vorbild war die Semperoper in Dresden. Nur zwei Wochen nach der Staatsoper fiel auch das Burgtheater 1945 amerikanischen Bombardements zum Opfer, doch bereits 1955 konnte das Burgtheater seinen Betrieb wieder aufnehmen. Heute ist das ehrwürdige Haus gegenüber dem Wiener Rathaus eine der bedeutendsten Bühnen Europas.

On the Way to Independence The theatre, then situated on Michaelerplatz, was censored for the first time in 1776 under Emperor Joseph II: In order to keep the audience cheerful, all plays had to have a happy ending. The "Burg" moved to its current location in 1888. The plans for the building were created by Karl Freiherr von Hasenauer and Gottfried Semper. Two weeks after the State Opera, the Burgtheater fell victim to US bombs in 1945, but it opened its doors again in 1955. It remains one of the most renowned theatres in Europe.

Parlament
Pompöse Fassade und nüchternes Innenleben

15. März 1938 Ganz Wien ist in Aufruhr: Anlässlich des Anschlusses an das Deutsche Reich findet eine Parade auf der Ringstraße statt. Die Zweite Panzerbrigade fährt am Wiener Parlament vorbei – dem Ort, an dem 1918 die Erste Republik ausgerufen wurde. Im Zweiten Weltkrieg erlitt das Parlamentsgebäude schwere Schäden: Große Teile seiner Baustruktur waren im Jahr 1945 vernichtet, der Sitzungssaal brannte vollständig aus. Nach dem Krieg begannen die Sanierungsarbeiten. Der Sitzungssaal wurde schließlich 1956 wiederhergestellt. Ein Friesgemälde, das fast zur Gänze zerstört wurde, konnte erst in den 1990er-Jahren restauriert werden. Eine Gedenktafel erinnert heute an die zwölf österreichischen Parlamentarier, die vom nationalsozialistischen Regime ermordet wurden.

Parliament
15 March 1938 On the occasion of the annexation to the German Reich, a parade is held on Ringstraße. The Parliament building suffered extensive damages during WWII. After the war, the building was restored. Today, a commemorative plaque reminds passers-by of the 12 Austrian members of Parliament murdered by the Nazi regime.

Unprätentiöser Neuanfang Im Zuge der Renovierung nach dem Zweiten Weltkrieg bekam das Parlament auch eine neue technische Ausstattung. Das Haus erhielt unter anderem ein Notstromaggregat, damit die Bundesregierung auch in Notfällen auf moderne Technik zurückgreifen kann. Gut zehn Jahre nach Kriegsende wurde das Gebäude, das einem griechischen Tempelbau nachempfunden ist, fertiggestellt. Der im Zweiten Weltkrieg ausgebombte Sitzungssaal des heutigen Nationalrats wurde im Stil der Fünfzigerjahre sehr schlicht wieder aufgebaut. Einzig ein aus Stahl gefertigter Bundesadler dient hier als Schmuck. Als das Parlament 2005 generalsaniert wurde, entstand ein neues Besucherzentrum mit eigenem Eingang an der Ringstraße.

New Beginnings As part of the renovation of the Parliament building after WWII, new technical equipment was introduced, for instance a back-up generator to facilitate the continuation of parliamentary work in emergencies. It took more than 10 years to restore the building, which is modelled on a Greek temple.

1948 Über die Reste des abgetragenen Haas-Hauses erlangt man einen Blick auf den Wiener Stephansdom. Drei Jahre nach Kriegsende sind die Spuren der Zerstörung in der Innenstadt noch nicht beseitigt. Am Brand im Dom im April 1945 waren jedoch nicht Bombardierungen schuld: Funken sprangen von den umliegenden Geschäften, die geplündert und in Brand gesetzt wurden, auf die Kirche über und entzündeten das Feuer. Die Kriegssituation machte effektive Löscharbeiten unmöglich. Das Feuer am 12. April 1945 zerstörte den Dachstuhl sowie den Glockenturm schließlich vollständig. Die Pummerin, eine außerordentlich große Glocke aus dem Jahr 1711, die auch die „Stimme Österreichs" genannt wurde, stürzte in die Tiefe und zerschellte am Boden.

St. Stephen's Cathedral

1948 St. Stephen's Cathedral can be seen across the ruins of Haas House. Three years after the end of the War, its devastating effects are still apparent. But the Cathedral fire on the 12th of April 1945 was not a result of a bomb. Sparks from neighbouring houses which had been looted and set alight eventually reached the church and completely destroyed the roof truss and the belfry. The huge bell known as "Pummerin" (1711), known as the "voice of Austria", fell down and shattered.

Die Kathedrale mit modernem Nachbar Mit dem Wiederaufbau des Wiener Wahrzeichens wurde nicht lange gewartet. Bereits 1952 konnte der Stephansdom wieder eröffnet werden. Auch die Pummerin wurde aus dem Material der alten Glocke neu gegossen und kam auf ihren angestammten Platz im Glockenturm. Der schnelle Wiederaufbau wurde vor allem durch die Spenden der Bürger möglich: Die Wiener zeigten sich für ihren „Steffl" besonders großzügig. Bis heute zieht die Domkirche St. Stephan zu Wien, deren Anfänge auf das Jahr 1137 zurückgehen, zahlreiche Touristen an. Die 1147 fertiggestellte Kirche war die erste, die dem heiligen Stephan gewidmet war. Seit 1469 hat der Dom den Status einer Kathedrale. Mit dem neuen Haas-Haus bekam das Gotteshaus ein Spiegelbild in der modernen Glasfassade.

A Cathedral with a Modern Neighbour The Vienna landmark of St. Stephen's Cathedral was rebuilt and opened its gates in 1952. Even the "Pummerin" was re-founded from smithereens. This quick renovation of the "Steffl" was a result of Vienna's inhabitants' generosity. To this day, the cathedral, whose beginnings can be traced back to 1137, attracts countless tourists. Completed in 1147, the church was afforded the title "cathedral" in 1469. Today, modern Haas House with its glass façade complements the impressive dome.

Der Westflügel des Stephansdoms
Schneller Wiederaufbau

1945 Die gesamte Wiener Innenstadt ist ein Bild der Verwüstung: Der Westflügel des Stephansdoms ist völlig zerstört – allerdings nicht durch eine der über Wien abgeworfenen Bomben. Österreichische Plünderer zündeten am 11. April 1945 einige Geschäftslokale in der Kärntner Straße und am Graben an. Die Feuer griffen auf die Kirche über und auch Teile der Westfassade, wie das große gotische Fenster, fielen den Flammen zum Opfer. Die wertvolle Walckerorgel, die sich seit 1886 im Dom befand, wurde durch das einstürzende Dach zertrümmert. Die Bauarbeiten am Westflügel begannen bereits gleich nach Kriegsende Mitte 1945. Sieben Jahre später wird der Stephansdom wieder eröffnet. 1960 hält schließlich auch die neue Orgel Einzug.

The West Wing of St. Stephen's Cathedral
1945 Vienna's city centre is a picture of devastation: The west wing of St. Stephen's Cathedral has been completely destroyed, albeit not by one of the countless bombs that hit Vienna. Looters set various shops nearby on fire, and it spread to the magnificent church. The famous Walcker Organ was hit by parts of the collapsing roof. The renovation process started immediately after the end of the war, in 1945, and 7 years later, St. Stephen's Cathedral was re-opened.

Sagenumwobene Wand Die Westwand, der älteste Teil des
Wiener Stephansdoms, ist bis heute nahezu unverändert erhalten geblieben. An ihr befindet sich der berühmte „Zahnwehherrgott". Es heißt, dass einige Burschen, die den Zahnwehherrgott
verspotteten, bald darauf selbst starke Zahnschmerzen bekamen.
Erst als sie Abbitte leisteten, wurden sie von den Schmerzen
befreit. Auf der alten Westempore befindet sich auch eine Statue
des heiligen Stephanus. Er ist Patron der Kirche und Schutzheili-
ger der Pferde. An der Westfassade betritt der Besucher den Dom
durch das Riesentor. Den Namen verdankt das Tor der Legende,
Riesen hätten am Dom mitgebaut. Es wurde bereits um 1240
erbaut und ist mit figuralen Darstellungen geschmückt.

The Western Wall – Shrouded in Legend The oldest part
of St. Stephen's Cathedral has remained almost completely
unchanged. It is home to the "Christ with a Toothache" sculpture.
Legend has it that some pranksters who were mocking the statue
suffered the most intense toothache shortly after, eased only
when they apologised to the scultpure. A statue of St. Stephen,
patron saint of the church, can be found on the west gallery. The
door to the west of the building is known as the "Giants' Door",
due to the legend that giants helped build it.

Kärntner Straße
Von der Flaniermeile zur Fußgängerzone

1900 Geschäftiges Treiben ist auf der Kärntner Straße zu sehen. Das Hotel Sacher verführt mit seiner berühmten Torte nach einem Einkaufsbummel zu einer Pause mit süßer Stärkung. Zahlreiche Edelgeschäfte säumen die Straße, die zu dieser Zeit noch keine Fußgängerzone ist. Doch die zunehmenden Autoströme machten die Nobelstraße zum Flanieren und Einkaufen für die Wiener immer unattraktiver. Die Kärntner Straße starb langsam aus. Das änderte sich in den 1970er-Jahren. Die Straße wurde in der Weihnachtszeit provisorisch zur Fußgängerzone umfunktioniert. Der Erfolg war so groß, dass sie nicht mehr für den Verkehr geöffnet wurde. 1974 begann schließlich die Ausgestaltung der Fußgängerzone.

Kärntner Straße
1900 The world-famous Hotel Sacher on Kärntner Straße provides tired shoppers with a sweet treat. Many expensive boutiques line the street. Increasing traffic diminished the boulevard's appeal, and Kärntner Straße became less popular. In the 1970s, the road was converted to a car-free zone, and its popularity soared.

1946 Doch auf dem Weg von der Flaniermeile der Jahrhundertwende zu einer der beliebtesten Einkaufsstraßen Wiens musste die Kärntner Straße noch Zeiten der Zerstörungen überstehen. Nach dem Zweiten Weltkrieg lag sie in Schutt und Asche: Die Bombardierungen des Zweiten Weltkrieges hatten sie nicht verschont. Deshalb sind heute kaum noch historische Gebäude erhalten. Einzig das Palais Esterházy überlebte die Zeiten der Kriege und Neubauten, wenngleich nicht völlig unbeschadet. 1968 brannte das Palais aus, wurde aber rasch wieder renoviert. Es beherbergt heute ein Casino und das Nobelmodehaus Adlmüller.

1946 Like many other parts of Vienna, the Kärntner Straße suffered extensive damages during WWII. As a result, not many of the historic buildings are left today. A notable exception is the Palais Esterházy. It burnt out in 1968, but was swiftly restored, and today houses a casino and the renowned fashion boutique Adlmüller.

Das Tor nach Kärnten wird zum Tourismusparadies Wie der Graben geht auch die Kärntner Straße bis in die Römerzeit und das Lager Vindobona zurück. Erstmals wurde die Straße 1257 offiziell erwähnt. Die damalige „Strata Carinthianorum" war Bindeglied zwischen dem Stadtzentrum und dem südlich gelegenen Kärntner Tor. Im Mittelalter befand sich an der Kärntner Straße neben einem Spital auch ein Friedhof. Heute haben Moderne und Tourismus auf der Straße Einzug gehalten. An jeder Ecke findet man Souvenirs oder Mozartkugeln. Die Neonreklamen zeigen deutlich: Hier haben kaum Geschäfte aus früheren Zeiten überlebt.

The Gate to Carinthia Becomes a Tourism Hotspot Just like the Graben area, the origins of Kärntner Straße can be found in Roman times and the Vindobona camp. The street was first officially recorded in 1257. The then "Strata Carinthianorum" was the connection between the city centre and the Kärntner Tor to the south. Today, the Kärntner Straße is a tourism hotspot with many souvenir shops and modern fashion outlets.

Einstürzgefahr

SALAMANDER
BALLY
BALLY
MONT BLANC
BALLY
H&M
STEFFL

Kunsthistorisches Museum
Zwischen Kriegsschäden und Kunstraub

Um 1945 Das Kunsthistorische Museum ist durch den Zweiten Weltkrieg schwer beschädigt. Der Ostflügel ist zerstört, wird aber kurze Zeit später wieder saniert. Die Sammlung selbst trägt kaum einen Schaden davon, denn ein Großteil der im Haus befindlichen Kunstwerke wurde von den Nationalsozialisten in Bergwerken wie zum Beispiel in Altaussee versteckt. Nicht zum ersten Mal konnte die Sammlung so vor größeren Schäden bewahrt werden. Auch den Ersten Weltkrieg überstanden die Kunstwerke ohne Einbuße. 1914 wird das Kunsthistorische Museum aufgrund des Krieges gesperrt. Nach dem Krieg wird das Haus verstaatlicht, um Plünderungen zu verhindern. Doch nicht immer konnte die Sammlung vor Verlusten bewahrt werden.

Art History Museum
Around 1945 The Art History Museum has suffered extensive damage during WWII. The east wing has been destroyed. The collection itself has escaped unscathed as the majority of exhibits were hidden in mines, e. g. in Altaussee, by the Nazis. The collection was protected in a similar manner during WWI. Alas, it would not remain unscathed for ever.

Schauplatz des größten Kunstraubs Österreichs Am 12. Februar 1919 verschaffen sich bewaffnete Italiener Zugang zum Museum und entwenden 66 Bilder. Daraufhin fordern Belgien, die Tschechoslowakei und Ungarn ihre Leihgaben zurück, jedoch nur Ungarn erhält 147 Objekte. Es folgt eine lange Zeit ohne Verluste für die Sammlung. Als aber das Haus 2003 renoviert wird, kommt es zu einem der ungewöhnlichsten Kunstraube der Geschichte. Die Saliera, ein 36 Millionen Euro teures Salzfass aus dem 16. Jahrhundert, wird entwendet. Obwohl die Alarmanlage anschlägt, glauben die Wachbeamten an einen Fehlalarm. Der Täter, ein Discobesucher, dringt spaßeshalber über ein Baugerüst ein. Lange gibt es von der Saliera keine Spur, bis der Dieb seine Tat gesteht und ihr Versteck im Wald bekannt gibt. 2006 kann sie restauriert in das Museum zurückkehren.

Scene of Austria's Biggest Art Theft On 12 February 1919, armed Italian criminals stole 66 paintings from the museum. This caused Belgium, Czechoslovakia, and Hungary to reclaim their loan collections, but only Hungary received 147 exhibits. When the museum was renovated in 2003, the most unusual art theft in history took place. The Saliera salt cellar, worth 36 million Euros, was stolen. Despite the alarm system being activated, the guards failed to take it seriously. The Saliera could only be recovered when the culprit admitted to his deed and told the police where it was hidden. The 16th century salt cellar was restored and returned to the museum in 2006.

Staatsoper
Vom Wiederaufbau zum Weltruhm

12. März 1945 Am sogenannten „Schwarzen Montag" konnte die Wiener Staatsoper den Angriffen der Alliierten nicht standhalten und brannte völlig aus. Das Bild zeigt letzte Reste des linken Zuschauerraumes. Bereits zwei Monate nach der Zerstörung versprach der österreichische Staatssekretär für öffentliche Bauten, Julius Raab (1891–1964), den Wiederaufbau des Opernhauses. Darauf folgten heftige Diskussionen, ob nicht eine Neuplanung sinnvoller sei. Schließlich entschied sich eine Kommission für den Wiederaufbau und eine gleichzeitige Modernisierung der Staatsoper und der Zuschauerräume. Bereits 1955 wurde das Opernhaus – größtenteils noch mit dem ursprünglichen Ensemble – eröffnet.

State Opera
12 March 1945 On this, the so-called "Black Monday", the Vienna State Opera was destroyed by Allied Forces attacks. The picture shows the remnants of the left auditorium. The renovation of the Opera House was a combination of new construction and modernisation of surviving parts of the building. The Opera was re-opened as early as 1955.

Auf dem Weg zur Internationalität Zur Eröffnung am 5. November 1955 wurde Beethovens Oper „Fidelio" gegeben. Bereits zu diesem Zeitpunkt driftete das damalige Ensemble auseinander. Der frühere Direktor der Staatsoper Herbert von Karajan (1908–1989) führte das Haus endgültig auf den Weg zu Weltrang und engagierte die internationalen Stars der Oper, der Stammbesetzung fielen nur mehr kleinere Rollen zu. Bis heute hat sich daran nichts geändert. So präsentiert die Wiener Staatsoper, als eines der bekanntesten Opernhäuser der Welt, immer wieder Stars wie Anna Netrebko, Plácido Domingo oder Agnes Baltsa in ihren Inszenierungen. Zu Anfang jeder Spielsaison wird der sogenannte Eiserne Vorhang präsentiert, den jedes Jahr ein anderer Künstler gestaltet. Das Bild zeigt „Geisha", Vorhang der Saison 2007/2008 vom US-amerikanischen Künstler Jeff Koons (* 1955).

On the Way to Internationality The opening of the opera house on 5 November 1955 was celebrated with a performance of Beethoven's "Fidelio". Previous State Opera director Herbert von Karajan led the way to international glory by hiring world-famous opera stars. This tradition continues today, and the Vienna State Opera regularly engages the likes of Anna Netrebko, Plácido Domingo or Agnes Baltsa for its illustrious productions. The illustration shows the "Geisha" curtain of the 2007/2008 season by US artist Jeff Koons.

Schönbrunner Schlosspark
In perfekter Symmetrie zum beliebten Ausflugsziel

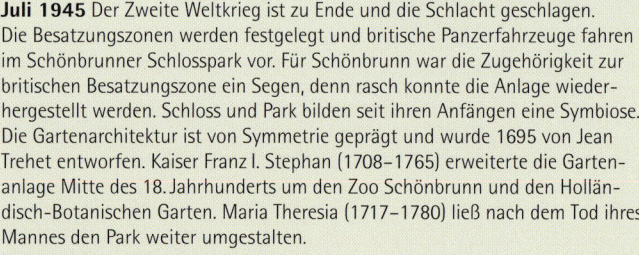

Juli 1945 Der Zweite Weltkrieg ist zu Ende und die Schlacht geschlagen. Die Besatzungszonen werden festgelegt und britische Panzerfahrzeuge fahren im Schönbrunner Schlosspark vor. Für Schönbrunn war die Zugehörigkeit zur britischen Besatzungszone ein Segen, denn rasch konnte die Anlage wiederhergestellt werden. Schloss und Park bilden seit ihren Anfängen eine Symbiose. Die Gartenarchitektur ist von Symmetrie geprägt und wurde 1695 von Jean Trehet entworfen. Kaiser Franz I. Stephan (1708–1765) erweiterte die Gartenanlage Mitte des 18. Jahrhunderts um den Zoo Schönbrunn und den Holländisch-Botanischen Garten. Maria Theresia (1717–1780) ließ nach dem Tod ihres Mannes den Park weiter umgestalten.

Schönbrunn Castle Gardens
July 1945 WWII has finally ended. The occupation zones have been determined, and British tanks arrive in the Schönbrunn Castle Gardens. For Schönbrunn, this fact turned out to be a blessing, as it meant that restoration work progressed swiftly. The symbiotic relationship of castle and park is emphasized by the symmetry of Jean Trehet's garden architecture. Emperor Franz I Stephan expanded the gardens, and Maria Theresia continued his work after his death.

Ein Erholungsgebiet für die Wiener Zu Maria Theresias Plänen gehörte die Anlage eines Bassins mit mehreren Springbrunnen. Als bereits zwölf Brunnenbecken gegraben waren, stellte sich heraus, dass der Wasserbedarf nicht gedeckt werden konnte. Schließlich wurde stattdessen der Neptunbrunnen gebaut. Am Fuß des Hügels ist er seither der erste Blickfang. Unter dem volksnahen Kaiser Joseph II. (1741–1790) öffnete das Schloss für die Allgemeinheit. Neben dem Schönbrunner Tiergarten sind das Palmenhaus und das Sonnenuhrhaus die Hauptattraktionen des Parks. Neben über 4500 Pflanzen beherbergt das Palmenhaus eine Vielzahl an Schmetterlingen. Im Sonnenuhrhaus befindet sich seit 2004 das Wüstenhaus, das Flora und Fauna aus Wüstengebieten beherbergt.

A Recreation Area for Vienna Part of Maria Theresia's concept for the area was a basin with a number of fountains. After the foundations for 12 fountains had been laid, it transpired that there was not enough water to feed them. Instead, it was decided to build the Neptune Fountain. The castle's doors were opened to the public by popular Emperor Joseph II. The facility includes the Schönbrunn Zoo, the Palm House with 4,500 plants and many butterfly species, and the Sundial House with its artificial deserts boasting flora and fauna from the desert areas of the world.

Wiener Riesenrad
Eine Prater-Attraktion wird zum Symbol der Enteignungen

1946 Das Riesenrad wird 1946 zeitgleich mit dem Stephansdom, der Staatsoper und dem Burgtheater wieder aufgebaut. Bei den Bombardierungen und Feuern im Zweiten Weltkrieg brannte das Wiener Wahrzeichen 1944 aus. Im selben Jahr starb auch der ehemalige Besitzer Eduard Steiner: Er wurde von den Nationalsozialisten im Konzentrationslager Auschwitz ermordet. Er hatte die Liegenschaft bereits 1919 bei einer Auktion erworben und plante zunächst, das Riesenrad abzureißen. Schließlich verpachtete er den Grund. Das Riesenrad wurde unter den Nationalsozialisten jedoch gemeinsam mit Steiners ganzem Besitz arisiert. Doch es war nicht das erste Mal, dass das Riesenrad in Staatsbesitz überging.

Vienna Ferris Wheel
1946 The Ferris wheel is rebuilt along with St. Stephen's Cathedral, the State Opera, and the Burgtheater. The bombardments and fires of WWII destroyed this distinct Vienna Landmark in 1944, the same year that its previous owner Eduard Steiner was murdered in Auschwitz by the Nazis. The Ferris wheel had been "arianised" along with all of Steiner's possessions, but it was not the first time it had gone into state ownership.

Die Geschichte des Riesenrades wiederholt sich Auch der englische Ingenieur und ehemalige Eigentümer des 1896 erbauten Riesenrades Walter Basset (1859–1932) wurde während des Ersten Weltkrieges enteignet. Das Fahrgeschäft blieb aber zu dieser Zeit von Kriegsfolgen verschont. Nach dem Zweiten Weltkrieg nahm das Riesenrad bereits 1947 seinen Betrieb wieder auf und ging 1953 an die rechtmäßigen Erben Steiners zurück. Da aber davon ausgegangen wurde, dass die Stabilität des Riesenrades unter den Kriegsschäden gelitten hatte, wurden nur 15 der ursprünglich 30 Waggons wieder angebracht. 2002 wurden acht der fehlenden 15 Waggons rekonstruiert. Sie befinden sich heute in einer Ausstellungshalle, dem Panorama, in der die Geschichte des Praters aufgearbeitet wird.

The Ferris Wheel's History Is Repeated Walter Basset, an English engineer and former owner of the Ferris Wheel, which was built in 1896, was dispossessed of it during WWI. The Ferris wheel survived the war unscathed. After WWII, the Ferris wheel was back in operation in 1947, and handed back over to Steiner's heirs. The Riesenrad's stability was questioned after WWII, and only half of the 30 gondolas were replaced.

Schloss Belvedere
Hier wird Geschichte geschrieben

15. Mai 1955 Im Unteren Belvedere wird der österreichische Staatsvertrag unterschrieben, der nach zehn Jahren Besatzung Österreich die ersehnte Unabhängigkeit brachte. Die Freude der Bevölkerung lag an diesem historischen Tag förmlich in der Luft. Mehrere Tausend Österreicher jubelten, als der Außenminister Leopold Figl (1902–1965) den Staatsvertrag zeigte und rief: „Österreich ist frei!" Unterzeichner des Vertrages waren neben Figl die Außenminister der USA, Frankreichs, Englands und der ehemaligen Sowjetunion. Das Wiener Belvedere war schon immer Schauplatz historischer Ereignisse und großer Feste.

Belvedere Castle
15 May 1955 The Austrian State Treaty is signed in the Belvedere. It grants Austria independence after 10 years. Thousands of Austrians cheered when Foreign Minister Leopold Figl presented the Treaty and called out: "Austria is free!" It was co-signed by the foreign ministers of the USA, France, England, and the former Soviet Union.

Ein Ort der schönen Künste 1723 wurden die letzten Bauarbeiten am Oberen Belvedere vollendet, in dem später zahlreiche rauschende Feste des Kaiserhauses stattfanden. Die Pläne für den Bau stammten von Johann Lucas von Hildebrandt (1668–1745). Kurze Zeit nach dem Tod von Prinz Eugen (1663–1736) wurde sein Sommersitz an Maria Theresia (1717–1780) verkauft. Seit dem Ersten Weltkrieg beherbergt das Belvedere die bedeutendste Sammlung österreichischer Kunst, die Österreichische Galerie. Das Schloss überstand den Zweiten Weltkrieg nicht völlig schadlos. Nach dem Krieg wurde das Gebäude aber schnell saniert. Ab 1988 folgte eine gründliche Restaurierung, die seit 1996 das Gebäude in neuem Glanz erstrahlen lässt. Die Prunkräume stehen heute auch zahlenden Gastgebern für Feierlichkeiten zur Verfügung.

A Home for Fine Arts The Upper Belvedere was finished in 1723 and became the magnificent backdrop for many an illustrious ball. The plans were created by Johann Lucas von Hildebrandt. Since WWI, the Belvedere has been home to the most significant Austrian art collection, the Austrian Gallery. Damaged during WWII, the palace was quickly restored. An extensive renovation project which started in 1988 restored the building to its former glory.

Illustre Gästeliste Die Modedesignerin Isabella Meus und das Nacktmodell Dita Von Teese waren 2008 die Ehrengäste in der Loge von Richard Lugner beim Wiener Opernball. Der Bauunternehmer lädt seit 1991 Jahr für Jahr Weltstars ein, um ihn zum Ball zu begleiten.

Illustrious Guest List Fashion designer Isabella Meus and burlesque artist Dita Von Teese were guests of honour in Richard Lugner's exclusive box at the 2008 Vienna Opera Ball. The construction tycoon has been inviting world-famous celebrities to accompany him to the annual ball since 1991.

Besondere Ereignisse in der Stadtgeschichte

Im Mittelpunkt des Interesses Die Stadt Wien war schon immer Schauplatz historischer Geschehnisse: In ihrer Rolle als Landeshauptstadt empfing sie Staatsgäste ebenso wie Stars und Sternchen. Sie bildete die Kulisse für Demonstrationen und Feiern und war Austragungsort des Finales der Euro 2008. Eine solche Millionenstadt blieb auch von großen und kleinen Katastrophen nicht verschont, die so manches traurige Kapitel in der Historie der Stadt aufschlagen. Wien lebt und damit ebenfalls die Gewissheit, dass auch in Zukunft besondere Begebenheiten das Leben in der Stadt nie langweilig werden lassen.

A City at Its Peak Vienna has always been the setting of important historic events: As Austria's capital, it has welcomed international government luminaries as well as stars and starlets. It has provided the backdrop for demonstrations and celebrations, and hosted the Euro 2008. A city of such magnitude always faces changing fortunes, as many chapters in Vienna's history bear testimony to. Vienna is alive, and so is the certainty that future events will continue to make this one of the most captivating and exciting cities of the world.

GRINZING
MUSS
LEBEN !

1 M²
GRINZING
GRUNDEIGENTUMER
SUZI QUATRO

7. September 1978 Mitten im Heurigen- und Weingebiet Grinzing kam es zu einer Demonstration für die Weinkultur. Die amerikanische Rocksängerin Suzi Quatro (* 1950) setzte sich für den Erhalt der Weinberge in Grinzing ein. Wie zahlreiche andere Prominente kämpfte auch die Sängerin für den Fortbestand des Weinanbaus und erwarb ein Stück Land. Ziel war es, die Weinberge zu erhalten und den Bau von Appartementhäusern an deren Stelle zu verhindern. Der Bezirksteil des 19. Wiener Gemeindebezirkes Wien Döbling gilt als Nobelwohngegend. Deshalb wird immer wieder Weinland verbaut. Auch heute noch gibt es Initiativen, um den Ausverkauf Grinzings und der Weinberge zu stoppen.

Grinzing

7 September 1978 The Grinzing Heurigen and vineyard area is the setting of a battle to save wine culture. Like many other celebrities, American rock star Suzi Quatro (* 1950) supports the preservation of the Grinzing vineyards by buying a piece of land there in order to prevent the construction of apartment buildings. The 19th Vienna District Döbling is known as a posh neighbourhood, which leads to more and more wine-growing land being used for new developments. Various initiatives endeavour to stop the destruction of the Grinzing vineyards.

Ein Heurigenbezirk wird zur Luxuswohngegend Viele Weinberge sind in Grinzing bereits verbaut worden. Um dieser Entwicklung entgegen zu wirken, sammelt die „Vereinigung der Freunde Grinzing" Spenden. Sie möchte damit möglichst viel Land dazukaufen, denn ein Großteil der Grinzinger Heurigen baut schon heute nicht mehr selbst an, sondern muss Wein von außerhalb ankaufen. Derzeit findet der Hauptanbau des Wiener Weines noch im 19. und 21. Bezirk statt. Doch der Verkauf der Weinberge an Baufirmen geht weiter, während die Weinproduktion immer mehr abnimmt. Auch ein großer Teil der Heurigen fiel dem Bauboom in Grinzing zum Opfer. Wo vor 30 Jahren noch über 150 Heurige in Betrieb waren, existieren mittlerweile gerade einmal zwölf. Heute verstecken sich Luxuswohnungen hinter den denkmalgeschützten Fassaden der ehemaligen Weinlokale.

A Heurigen Area Is Turned into a Luxury Neighbourhood Many of the Grinzing vineyards have been turned into residential areas. To stop this worrying development, the "Vereinigung der Freunde Grinzing"("Friends of Grinzing") is collecting donations in order to buy as much land as possible, as a large number of Grinzing Heurigen taverns are now forced to buy their wine from outside the area, and local wine production is constantly decreasing. Many Heurigen taverns have had to make room for the construction boom: 30 years ago, more than 150 taverns welcomed their guests; today it is a mere 12.

Reichsbrücke
Nach Versetzung und Einsturz wieder voll im Einsatz

Um 1900 Am 21.8.1876 wird die Kronprinz-Rudolf-Brücke nach einer vierjährigen Bauzeit erstmals eröffnet. Sie verbindet die Wiener Innenstadt mit den beiden Außenbezirken Kagran und Donaustadt. Als 1919 nach Ende der Monarchie in Österreich eine ganze Reihe von Umbenennungen getätigt werden, erhält auch die Reichsbrücke ihren heutigen Namen. Doch die Brücke ist der aufkommenden Verkehrsbelastung durch Autos und Straßenbahnen in Wien nicht mehr gewachsen, eine neue wird benötigt. Um größere Verkehrsbehinderungen zu vermeiden, wurde die alte Brücke durch eine Verlängerung ihrer Pfeiler schlichtweg um 26 Meter verschoben. Dem Bau der neuen Reichsbrücke stand nichts mehr im Wege. 1937 wird die neue Kettenhängebrücke fertiggestellt. Insgesamt vier Fahrspuren, Straßenbahngleise und Gehwege ermöglichen eine umfangreiche Nutzung und sollen die Brücke auch für die stetig wachsende Anzahl an Automobilen rüsten.

Reichsbrücke
Around 1900 The Kronprinz Rudolf Bridge was opened in 1876 and connected Vienna's city centre with the Kagran and Donaustadt districts. After the Austrian monarchy's demise, many streets and public buildings were renamed in 1919, amongst them the Reichsbrücke (Empire Bridge). Increasing car and tram traffic soon led to the decision that a new bridge needed to be built. The new suspension bridge offered four lanes, tram rails, and footpaths. The bridge was damaged during WWII, and temporarily received the moniker "Brücke der Roten Armee" (Red Army Bridge) as it was located in the Russian occupied zone. Once it had been restored in 1952, nobody expected it to collapse under the strain of daily traffic.

31. Juli 1976 Während des Zweiten Weltkrieges wurde die Brücke stark beschädigt, bis 1955 wurde sie in Anlehnung an die russische Besatzungszone „Brücke der Roten Armee" genannt. Nach den bis 1952 dauernden Sanierungsarbeiten hielt sie dem stetig steigenden Verkehrsaufkommen stand. Niemand hätte am 31. Juli 1976 vermutet, dass die Brücke nach fast vierzig Jahren ihre Last nicht mehr trägt.

1. August 1976 Einen Tag später stürzt die Reichsbrücke um 4:45 Uhr ein. Insgesamt drei Autos und ein glücklicherweise leerer Bus befinden sich zu diesem Zeitpunkt auf der Brücke. Der Bus und ein Kleintransporter werden in die Tiefe gerissen. Der Fahrer des Kleinlasters ist sofort tot. Man kann von Glück im Unglück sprechen, dass um diese Zeit an einem Sonntag so wenig Verkehr war. Schon knapp zwei Stunden nach dem Einsturz nimmt eine Untersuchungskommission ihre Arbeit auf und legt 1977 schließlich ihren Bericht vor. Sie kann damit Gerüchte widerlegen, nach denen ein Anschlag an dem Einsturz Schuld trug: Ursache war das Abscheren des linken Pfeilers, dessen Sockel bei der Sanierung nicht begutachtet werden konnten.

1 August 1976 One day after the upper picture was taken, at 4.45 in the morning, the Reichsbrücke collapses. 3 cars and an empty bus plunge into the river, and the driver of a small lorry dies. The mercifully low number of victims is the result of relatively quiet streets at this time of the morning on a Sunday. An independent committee comes to the conclusion that structural damage was the reason for the collapse of the bridge.

Modernste Messung gegen Einsturzgefahren 1978 wird schließlich der Bau der dritten Reichsbrücke begonnen. Bereits zwei Jahre später eröffnet der österreichische Bundespräsident Rudolf Kirchschläger (1915–2000) die Brücke. Ein Jahr später kann auch die U-Bahnstation Reichsbrücke in Betrieb genommen werden. Neue Fahrradwege, Fußwege und Busstationen werden im Zuge einer Rundumsanierung 2005 fertiggestellt. Seit 1984 findet jährlich der Vienna City Marathon statt, dessen Strecke über die Reichsbrücke führt. Gerüchte, dass die Läufer die Brücke zum Einsturz bringen könnten, wurden durch modernste Messsysteme inzwischen aus der Welt geräumt: Man fand heraus, dass die Belastung durch eine U-Bahn-Überquerung wesentlich höher ist als die durch die Läufer verursachte Schwingung der Brücke.

New Role in the Marathon After two years of construction work, the new bridge is opened in 1980 by Austrian Federal President Rudolf Kirchschläger. Since 1984, the Reichsbrücke has been part of the route of the annual Vienna City Marathon.

Franz–Josefs–Kai
Donauregulierung und Naziverbrechen

9. Juni 1863 Der Franz-Josefs-Kai ist in Aufruhr: Das Treumanntheater steht lichterloh in Flammen und brennt bis auf seine Grundmauern nieder. Der Schauspieler und ehemalige Direktor des Carltheaters Karl Treumann (1823–1877) hatte das Gebäude erst drei Jahre vorher erbauen lassen. Nur wenig früher war der Kai selbst fertiggestellt worden: Erst im Zuge der Regulierung der Donau entstand die Straße. Namensgeber war Kaiser Franz Joseph I. (1830–1916), der auch die Donauregulierung beschloss.

Franz–Josefs–Kai (Franz Josef Waterfront)

9 June 1863 A tragedy unfolds on Franz-Josefs-Kai: The Treumanntheater is on fire. Actor and former director of the Carltheater Karl Treumann commissioned the building only three years before, just after the Franz-Josefs-Kai had been completed. It was named after Emperor Franz Joseph I.

Schauplatz der Grausamkeit Das Bild zeigt die Stelle, an der früher die Auf-
führungen im Treumanntheater das Publikum begeisterten. Seit dem 19. Jahrhundert ziert der Franz-Josefs-Kai die Altstadtseite des Donaukanals. Er verbindet den Schottenring mit dem Stubenring, führt am Schwedenplatz und
am Morzinplatz vorbei. Bereits 1901 wurde hier die Donaukanallinie als Teil
der Wiener Stadtbahnen eröffnet. Besonders der Morzinplatz mit dem zum Sitz
der Gestapo-Leitstelle Wien umfunktionierten Hotel Metropol erlangte später
traurige Berühmtheit: Unzählige Menschen wurden hier Opfer der grausamen
Methoden der Gestapo. Verhöre unter Folter und Hinrichtungen machten den
Ort zu einem der blutigsten in der Geschichte Wiens.

Scene of Brutality Since the 19th century, the Franz-Josefs-Kai has been a
landmark on the old town side of the Danube Canal. The Hotel Metropol on
Morzinplatz gained notoriety during the Nazi regime when it was used by the
Gestapo and countless victims succumbed to their brutal methods of torture
and execution.

Am Hof
Historische Wurzeln und hoher Besuch

Ostersonntag 1782 Am Ostertag spendet Papst Pius VI. (1717–1799) den Segen „urbi et orbi" von der Terrasse der Kirche am Hof und schon damals zieht sein Besuch zahlreiche Gläubige an. Der Name „Am Hof" hat seinen Ursprung im 12. Jahrhundert: An diesem Ort stand früher die Residenz der Babenberger, erbaut durch Heinrich Jasomirgott I. (1107–1177). Zunächst fanden im Bereich um das Gebäude Turniere statt, ab dem 14. Jahrhundert wurde hier Markt gehalten. 1386–1403 erbauten die Karmeliter die gotische Hallenkirche „Am Hof", die 1554 an die Jesuiten übergeben wird. Mit der Auflösung des Jesuitenordens 1773 wurde die Kirche zunächst zur Garnisonkirche und 1783 funktionierte man das Klostergebäude zum Kriegsministerium um.

Am Hof

Easter Sunday 1782 Pope Pius VI delivers the "urbi et orbi" blessing from the terrace of the "Am Hof" church. The church was built from 1386–1403 by the Carmelites, and handed over to Jesuit monks in 1554. After the Jesuit order was dissolved in 1773, it became a garrison church first and was then converted to the Ministry of War in 1783.

Schauplatz der Geschichte Am 6. August 1806 gab ein Bote des Kaisers „Am Hof" das Ende des Heiligen Römischen Reiches Deutscher Nation bekannt. 1848 wurde Kriegsminister Theodor Graf Baillet von Latour (1780–1848) im Zuge der Märzrevolution an einer Laterne mitten auf dem Platz erhängt. Als 1912 der Hofkriegsrat in ein neues Gebäude am Stubenring zog, wurde es für einige Zeit ruhiger. Die tiefen historischen Wurzeln des Platzes wurden beim Bau einer Tiefgarage 1962 ans Licht gebracht: Man fand hier Reste römischer Siedlungen, die heute zur Besichtigung freigegeben sind. Die von Pius VI. begründete Tradition der Papstbesuche setzte sich in jüngster Zeit fort: Papst Johannes Paul II. (1920–2005) wurde 1983 von seinen Anhängern bejubelt und am 7. September 2007 feierte Papst Benedikt XVI. (* 1927) hier mit 7000 Menschen einen Gottesdienst.

Historic Site On 6 August 1806, the Emperor's messenger declared the end of the Holy Roman Empire of the German Nation. During the March revolution of 1848, War Minister Theodor Graf Baillet von Latour was hanged on a lamppost in the middle of the square. Further deep historic roots were discovered when an underground car park was built in 1962 and remnants of Roman settlements were found.

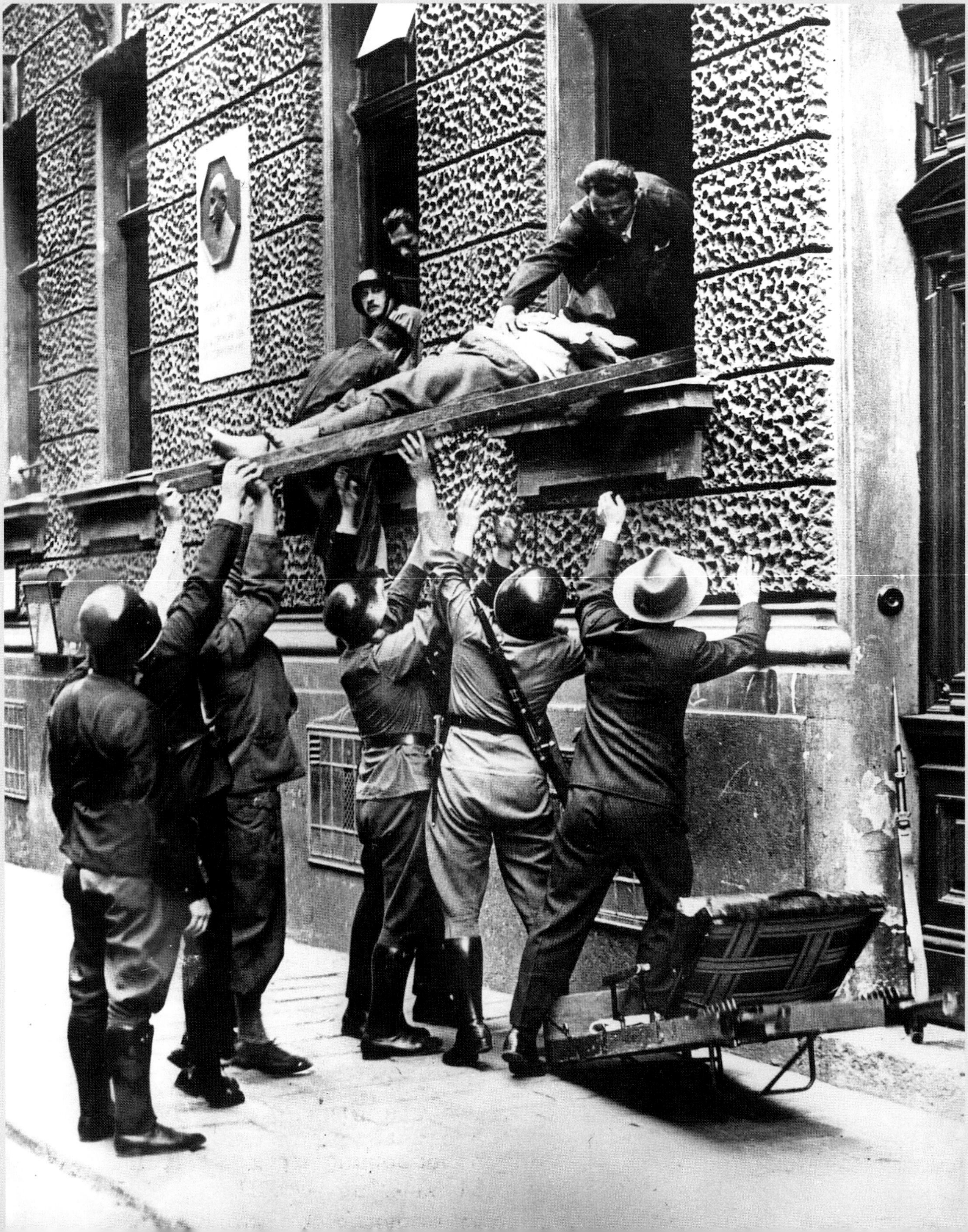

25. Juli 1934 Die Nationalsozialisten starten einen Putschversuch in Österreich: Verkleidet als Bundesheersoldaten stürmten sie das österreichische Bundeskanzleramt und erschossen den österreichischen Bundeskanzler Engelbert Dollfuß (1892–1934). Gleichzeitig stürmten Putschisten die Senderäume der Radio Verkehrs AG, Österreichs erster Rundfunkanstalt. Sie erzwangen die Durchsage, Dollfuß hätte sein Amt an Anton Rintelen (1876–1946) abgegeben, damals Landeshauptmann der Steiermark. Damit gaben sie das Signal für einen Aufstand der Parteimitglieder in ganz Österreich. Der Putsch konnte zwar sehr schnell niedergeschlagen werden, die Sendeanlage wurde allerdings zerstört.

Broadcasting Centre
25 Juli 1934 Nazis attempt to overthrow the Austrian government. Dressed in Austrian soldiers' uniforms, they invade the Austrian Federal Chancellery and shoot Austrian Chancellor Engelbert Dollfuß. At the same time, the Radio Verkehrs AG, Austria's first radio station, is occupied, and the announcers are forced to broadcast the message that Anton Rintelen, then governor of Styria, has taken over from Dollfuß. This leads to party members all over Austria rebelling. The coup was not to last, but the radio station was destroyed.

Immer in Betrieb 1935 begann der Bau des neuen Funkhauses. Erst nach dem Anschluss Österreichs an das Deutsche Reich konnten die Bauarbeiten fertiggestellt werden. Der Betrieb oblag dem Deutschen Reich und sendete ab 1939 als Großdeutscher Rundfunk. Kurz vor Kriegsende sprengte die Deutsche Armee alle Sendeanlagen in Wien. Das Funkhaus blieb jedoch verschont und schon am 29. April 1945 nahm es mit einem provisorischen Sender seinen Betrieb wieder auf. Zwischen 1979 und 1983 wurde das Funkhaus erweitert. 1988 fiel hier der Startschuss ins digitale Zeitalter mit der Inbetriebnahme des dritten voll digitalisierten Regieplatzes weltweit. Das Funkhausgebäude wurde 1999 unter Denkmalschutz gestellt. Als „Wahrzeichen" des Hauses in der Argentinierstraße steht heute ein vom österreichischen Künstler Johann Garber (* 1947) gestaltetes Ohr vor seinem Eingang.

Broadcasting Is Resumed Construction of the new station began in 1935 and was completed after Austria's annexation to the German Reich. Just before the end of the war, the German army destroyed all transmitters in Vienna. The Funkhaus began broadcasting again in April 1945. The building was declared a listed monument in 1999.

Spanische Hofreitschule
Eine Reitschule als Treffpunkt internationaler Politik

1961 Jacqueline Kennedy (1929–1995) besucht bei ihrem Staatsbesuch die Spanische Hofreitschule im Zuge des Damenprogramms in Wien. Anlass des Besuchs des amerikanischen Präsidentenehepaares John F. Kenney (1917–1963) und seiner Gattin Jackie in Wien ist das Gipfeltreffen mit dem Ministerpräsidenten der Sowjetunion Nikita Chruschtschow (1894–1971). Der Kalte Krieg zwischen der UdSSR und den USA befand sich auf einem seiner Höhepunkte. Der Gipfel endete jedoch ergebnislos: Die USA gingen auf Chruschtschows Forderung nach Abzug der Armee aus Westberlin nicht ein. Jackie Kennedy zeigte sich aber dennoch begeistert von Wien und besonders von der traditionellen Spanischen Hofreitschule.

Vienna Spanish Riding School
1961 Jacqueline Kennedy visits the Vienna Spanish Riding School. President John F. and Jackie Kennedy are in Vienna for the summit meeting with First Secretary of the Communist Party of the Soviet Union Nikita Krushchev. It is the height of the Cold War between the USSR and the USA. The summit does not lead to the hoped-for results, as the USA refuse to withdraw their troops from West Berlin.

Mit Disziplin zu Weltruhm 1572 wird die Spanische Hofreitschule erstmals erwähnt. Sie ist somit die älteste Reitschule der Welt. Die Halle, die ursprünglich am heutigen Josefsplatz stand, wurde 1683 fast gänzlich zerstört. 1735 wurde an ihrer Stelle die Winterreitschule eröffnet. Architekt Emanuel Fischer von Erlach (1692–1743) plante den Reitsaal, der heute als einer der schönsten der Welt gilt. Alle Reiter werden in der Schule selbst ausgebildet. Ein junger Hengst muss vom künftigen Bereiter zur Schulquadrille-Reife ausgebildet werden. Erst wenn der Hengst die Schulquadrille, das „Ballett der weißen Hengste", erfolgreich bestreitet, wird der Anwärter zum Bereiter. Die beeindruckende Disziplin und Professionalität der Reitschule macht sie zum beliebten Anziehungspunkt für Staatsmänner aller Länder, so auch 2007 für den ehemaligen russischen Präsidenten Wladimir Putin (* 1952).

Discipline Leads to International Fame The Vienna Spanish Riding School is first recorded in 1572, making it the oldest riding School in the world. The old hall was destroyed in 1683 and replaced in 1735 by the Winter Riding School. Architect Emanuel Fischer von Erlach designed the riding hall, still considered one of the most beautiful in the world. All horsemen and -women are trained in the school itself. The Riding School's impressive professionalism attracts many visitors from all over the world, amongst them many statesmen, for instance former Russian President Vladimir Putin in 2007.

Heldenplatz
Politisches Stimmungsbarometer

15. März 1938 Anlässlich des Anschlusses Österreichs an das Deutsche Reich hält Adolf Hitler am Heldenplatz eine Rede. Zu dieser Zeit ist dies für viele Österreicher noch ein Grund zum Jubeln. Hitlers leere Versprechungen zogen die Bevölkerung in seinen Bann. Der Heldenplatz war nicht das erste Mal ein Barometer für die politische Stimmung in Österreich: Feiern und Demonstrationen begleiteten die Geschichte des Platzes. 1910 fand hier eine Protestveranstaltung gegen die Lebensmittelteuerungen statt. Und schon 1927 wurde hier in einer Kundgebung für den Anschluss an das Deutsche Reich geworben. Ironischerweise hielten hier auch die Alliierten nach dem Sieg über das Deutsche Reich ihre Siegesparaden ab.

Heldenplatz (Heroes Square)
15 March 1938 On the occasion of Austria's annexation to the German Reich, Adolf Hitler holds a speech on Heldenplatz. At the time, many Austrians were still taken in by Hitler's empty promises. Heldenplatz was often the backdrop for celebrations as well as demonstrations.

Jubel und Trauer am Heldenplatz Zehntausende Menschen feiern am 1.7.1998 ein Europa-Fest, als Österreich den EU-Ratsvorsitz übernimmt. Drei Jahre zuvor hatte Europa am Heldenplatz schon einmal einen Grund zu Jubel: Damals wurde der EU-Beitritt hier gefeiert. Doch viel öfter stand die österreichische Politik im Mittelpunkt der Geschehnisse. Hier wurde gegen das Kraftwerk Hainburg demonstriert, genauso wie gegen Rassismus. An diesem Ort betrauerten die Österreicher den Tod des Bundeskanzlers Bruno Kreisky (1911–1990). Den Skiheld Karl Schranz (* 1938) empfangen nach seinem Ausschluss von den Olympischen Spielen in Sapporo 1972 genauso begeisterte Menschenmengen wie Papst Johannes Paul II. (1920–2005) bei seinem Besuch am Katholikentag 1998. Der Heldenplatz ist und bleibt ein Ort für Jubelschreie und Protestrufe.

Cheers and Tears Tens of thousands celebrate on the 1st of July 1998, when Austria takes over the Presidency of the European Union. Three years before, the Heldenplatz was the setting of celebrations on the occasion of Austria joining the EU. The square is the backdrop for significant demonstrations as well as memorial vigils, for instance after the death of former chancellor Bruno Kreisky, but this is also where sporting heroes are welcomed back.

Schauplatz der Donnerstagsdemos Bis zu 120 000 Menschen demonstrieren am 19. Februar 2000 gegen die neue österreichische Regierung. Anlass ist die Koalition zwischen der rechtspopulistischen Freiheitlichen Partei Österreich – kurz FPÖ – mit der Österreichischen Volkspartei – kurz ÖVP. Die Protestveranstaltung fand unter dem Motto „Widerstand gegen Schwarz-Blau, gegen Rassismus und Sozialabbau" statt. Es handelte sich um die größte der zahlreichen Demonstrationen, die die Regierungsbildung nach sich zog. Bekannt wurden vor allem auch die Donnerstagsdemos, die noch bis 2002 wöchentlich stattfanden.

Thursday Demonstrations On 19 February 2000, up to 120,000 people demonstrate against the new Austrian Government. The reason is the coalition between the right-wing FPÖ and the Austrian People's Party ÖVP two weeks previously. The so-called Thursday Demonstrations continued every week until 2002.

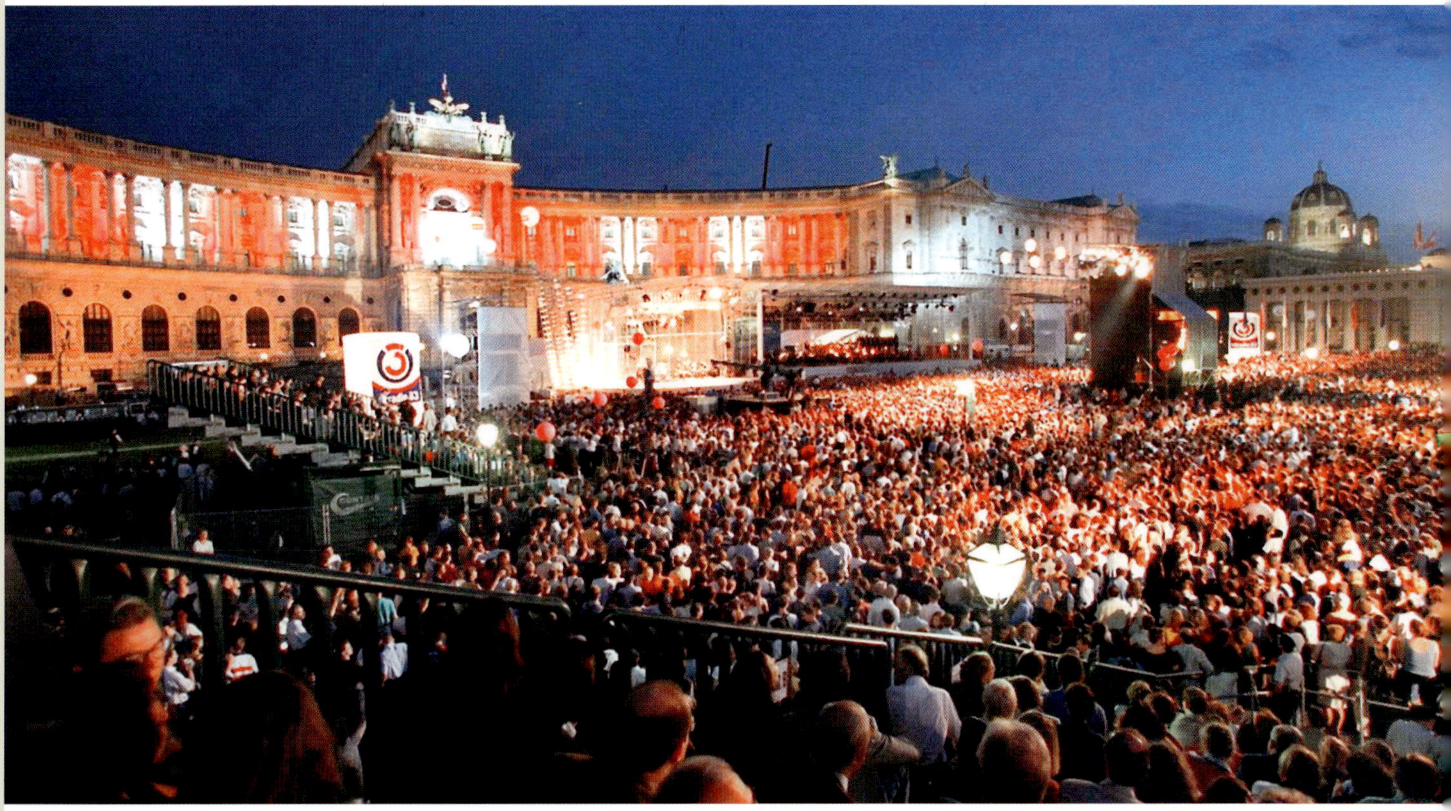

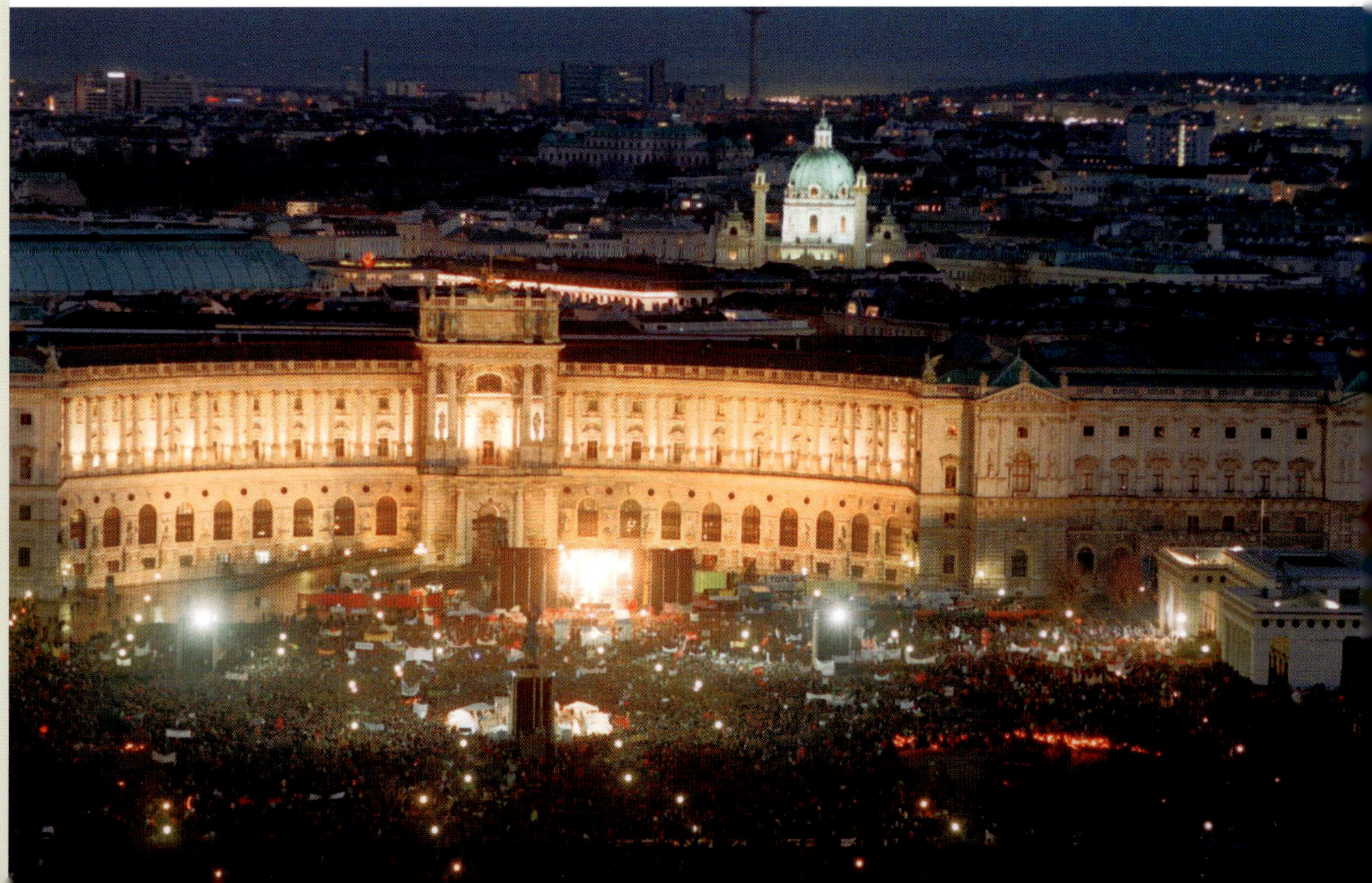

Maria-Theresien-Platz
Im Zeichen von Monarchie und Volksbildung

1. Mai 1970 „Proletarier aller Länder vereinigt euch!", „Arbeitermacht statt Kapitalsdiktatur" ist auf den Bannern der Vereinigung Revolutionärer Arbeiter zu lesen. Die VRA demonstriert am Tag der Arbeit und vertritt die Lehre des Kommunismus ausgerechnet am Maria-Theresien-Platz in Wien. Der Platz war um 1866 zunächst eine Gartenanlage, die allerdings nur Kaiser Franz Joseph I. (1830–1916) und seinem Gefolge zu Verfügung stand. Doch die Bewässerung der Anlage erwies sich als Problem und schließlich benötigte der Kaiser für ihren Erhalt die Unterstützung der Stadt Wien. Diese verknüpfte die Genehmigung der Wasserabgabe mit einer Bedingung: Das Gelände musste für die Bevölkerung geöffnet werden.

Maria-Theresien-Platz
1 May 1970 "Workers of the World, Unite" states a banner of the Union of Revolutionary Workers of Austria. The square had been accessible only to Emperor Franz Joseph I and his family, but due to a lack of water, the support of the city of Vienna became necessary. The council agreed on the condition that the gardens were to be opened to the public.

Monument zum Gedenken an die Kaiserin Dominierendes Element auf dem Platz zwischen Naturhistorischem und Kunsthistorischem Museum ist das Maria-Theresien-Denkmal. 13 Jahre arbeitete der Bildhauer Kaspar von Zumbusch (1830–1915) an den Figuren. Auf den Reiterstandbildern sieht man die vier verdientesten Feldherren der Kaiserin. An den Seiten sind Teile der Ministerriege und einige der höchsten Staatsmänner dargestellt. Und auch die bedeutendsten Komponisten der Zeit, Wolfgang Amadeus Mozart (1756–1791), Joseph Haydn (1732–1809) und Christoph W. von Gluck (1714–1787) fanden ihren Platz im Ensemble der Figuren. Zur Europameisterschaft 2008 wurde die wertvolle Statue verhüllt, um sie vor Beschädigungen zu schützen. So kann Maria Theresia (1717–1780), die sich als Begründerin der Schulpflicht in Österreich besonders um die Bildung verdient gemacht hat, weiterhin unversehrt über die beiden Museen wachen.

Monument for the Empress The most striking element on the square between the Museum of Natural History and the Art History Museum is the statue of Maria Theresia. Sculptor Kaspar von Zumbusch worked on the sculptures for 13 years. They depict important military commanders, ministers, and composers of the time, for instance Wolfgang Amadeus Mozart, Joseph Haydn and Christoph von Gluck.

Prominenz beim Opernball
Stars und Sternchen geben sich die Ehre

20. Januar 1957 Österreichs Außenminister Leopold Figl (1902–1965) führt den Einzug der Regierung und Ehrengäste des Balls der Wiener Philharmoniker an. Schon seit seinen Anfängen ist der Wiener Opernball Anziehungspunkt für Prominente aus Wirtschaft, Politik, Kunst und Kultur. Er gilt bis heute als das Society-Event Österreichs. Der Österreichische Rundfunk überträgt gemeinsam mit dem Bayerischen Rundfunk das Spektakel jedes Jahr live. Die Kameras sind dabei seit jeher auf die vielen internationalen Gäste aus Schauspiel- und Musikbranche gerichtet: Zahlreiche, bis über die Grenzen Europas bekannte Größen haben dem Ball bereits einen Besuch abgestattet.

Celebrities at the Opera Ball

20 January 1957 Austria's foreign secretary Leopold Figl leads members of the Austrian Government and guests of honour into the annual ball of the Vienna Philharmonic. The Vienna Opera Ball, THE Austrian society event, has always attracted celebrities from the world of economy, politics, arts, and culture.

Richard Lugner, der Promigarant Am 27. Februar 2003 besucht der Wiener Baumeister Richard Lugner (* 1932) mit seiner Frau Christine (* 1968) den Opernball. Wie jedes Jahr bringt sich Lugner prominente Unterstützung mit. Dieses Mal begleiten ihn die US-Schauspielerin Pamela Anderson (* 1967) und ihr Kurzzeit-Ehemann, Rocksänger Kid Rock (* 1971). Zu Lugners Geladenen gehörten auch Claudia Cardinale, Paris Hilton und Dita von Teese. Jedes Jahr inszeniert der Bauherr eine Pressekonferenz mit seinem Stargast in seinem Einkaufszentrum, der Lugnercity. Doch der Ball strahlt auch ohne Lugners Einladung genügend Anziehungskraft auf die Prominenz aus: Cliff Richard, Udo Jürgens, Mario Adorf sowie jüngst Anna Netrebko und Teri Hatcher fanden sich bereits unter den Gästen – und man darf gespannt sein, wer in den nächsten Jahren die illustre Liste der Opernballbesucher fortschreibt.

Richard Lugner, Friend of Celebrities Building tycoon Richard Lugner and his wife Christine visit the Opera Ball on 27th February 2003. Like every year, Lugner is accompanied by world-famous celebrities – on this occasion US actress Pamela Anderson and her short-term husband, rock singer Kid Rock. Lugner's guests have included Claudia Cardinale, Paris Hilton, and Dita von Teese. But the Opera Ball attracts many other VIPs, too: Cliff Richard, Udo Jürgens, Mario Adorf, Anna Netrebko, and Teri Hatcher have all enjoyed this illustrious event.

Opernballdemonstrationen
Ein Fest sorgt für Zündstoff

27. Februar 1987 Die Tradition der Opernballdemonstrationen wird aus der Taufe gehoben: Gegner des geplanten Atomkraftwerks Wackersdorf werfen Flugblätter in den Saal der Wiener Staatsoper. Der Protest richtet sich gegen den bayerischen Ministerpräsidenten Franz Josef Strauß (1915–1988), der den Ball besucht. Im Folgejahr plante das neu gegründete „Anti-Obern-Ball"-Komitee eine weitere Demonstration, die jedoch verboten wird. Trotzdem blockierten Aktivisten am Tag des Opernballs den Ring und Tausende Menschen fanden sich zur Kundgebung gegen den Ball zusammen. Die Polizei will den bis dahin friedlichen Protest auflösen: Mit einem Auto fährt sie in die Menschenmenge, dabei wird eine Frau verletzt.

Opera Ball Demonstrations
27 February 1987 The first of many Opera Ball demonstrations takes place, as protesters throw pamphlets against the nuclear power station Wackersdorf into the main hall of the Vienna State Opera. The year after, another planned demonstration was banned, but thousands of activists blocked the Ring and protested against the ball. Eventually, whilst trying to stop the peaceful protest, the police drove into a group of people, injuring a woman.

Revival der Proteste zu Beginn des 21. Jahrhunderts Auch in den darauffolgenden Jahren werden die Demos gewaltsam beendet. Als 1989 die Demonstranten ein Taxi gegen ein Gitter schieben, hinter dem die Polizei steht, eskaliert die Situation. Zahlreiche Menschen werden verletzt. In den Folgejahren erscheinen immer weniger Teilnehmer zu den Demos. Erst im Jahr 2000 steigt die Zahl der Demonstranten wieder sprunghaft an: Bis zu 15 000 Menschen protestieren gegen die Koalition zwischen der Österreichischen Volkspartei und der Freiheitlichen Partei Österreich. Schauspieler Hubsi Kramer (* 1948) fährt als Adolf Hitler verkleidet vor und betritt die Oper. Noch auf der Treppe wird er verhaftet. Die Demos der Folgejahre richten sich gegen die Regierung und den Irakkrieg. Und auch das große Thema der 1980er-Jahre ist wieder aktuell: 2007 ist die Atomenergie Mittelpunkt der Aktionen.

Revival of the Protests at the Beginning of the 21st Century The following years saw a continuation of the protests, and of the police forcibly ending them, frequently ending in injury to both police and demonstrators. The numbers of protesters began to decrease until the year 2000, when about 15,000 people took a stand against the coalition of the "Österreichische Volkspartei" and the "Freiheitlichen Partei Österreich". Actor Hubsi Kramer tried to enter the building dressed as Adolf Hitler, but was arrested. Demonstrations in subsequent years were aimed at the war in Iraq as well as government policies and nuclear energy.

Wiener Sängerknaben
Glockenhelle Stimmen in jahrhundertealter Tradition

1958 Die Wiener Sängerknaben singen in der Hofburgkapelle. Schon seit Jahren ist dieser Auftritt ein Fixtermin des Knabenchores. Sie tragen den traditionellen Matrosenanzug, der seit Ende der Kaiserzeit zu ihrer Tracht gehört. Die Sängerknaben haben sich aus dem Chor der Hofsängerknaben entwickelt, der 1498 von Kaiser Maximilian I. (1459–1519) ins Leben gerufen wurde. Damals bestand der Chor noch aus lediglich 15 bis 20 Buben, die für die musikalische Untermalung der Heiligen Messe sorgten. 1920 wurde die Wiener Hofkapelle aufgelöst, doch die Wiener Sängerknaben bestanden weiter. Besonders der damalige Rektor Josef Schnitt (gest. 1955) setzte sich für ihren Fortbestand ein. 1924 folgte die Gründung des Vereins „Die Wiener Sängerknaben".

Vienna Sängerknaben
1958 The "Wiener Sängerknaben" boys' choir, sporting traditional sailor's suits, is performing in the chapel of the Hofburg. The Sängerknaben's origins date back to a choir founded by Emperor Maximilian I in 1498; then, a mere 15–20 boys provided the musical background to the Holy Mass.

Von der Hofkapelle zum Weltruhm Heute besteht der Chor aus über 100 Knaben im Alter von 10 bis 14 Jahren, die auf vier Chöre aufgeteilt sind. Jährlich gibt der Verein weltweit etwa 300 Konzerte und ist damit längst ein Aushängeschild und Wahrzeichen Wiens. Täglich zwei Stunden müssen die Knaben proben. Während ihrer Zeit als Chorsänger leben die Jungen in einem Internat, das sich ebenso wie die Proberäume im Palais Augarten befindet. Ein eigener Kindergarten und eine Volksschule bereiten die künftige Generation auf ihre Aufgabe vor. Viele bekannte österreichische Sänger, Komponisten, Dirigenten und Schauspieler waren Sängerknaben, unter ihnen Franz Schubert, Joseph Haydn, Peter Weck und Hans Richter.

World Fame Beckons Today the choir consists of over 100 boys aged 10–14 years. The Sängerknaben perform about 300 times a year and have long been a proud symbol of Vienna's cultural life. All members of the choir practice for two hours a day and live in a boarding school within the Palais Augarten. Many famous Austrian singers and composers used to be part of the world-famous choir, e.g. Franz Schubert, Joseph Haydn, and Peter Weck.

Ernst-Happel-Stadion
Im Zeichen des Fußballs

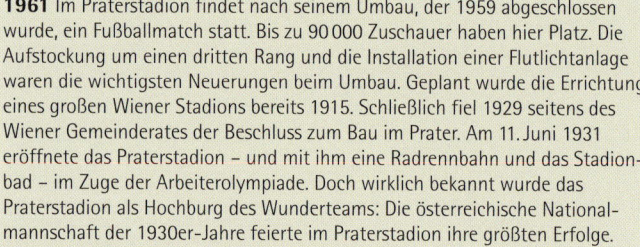

1961 Im Praterstadion findet nach seinem Umbau, der 1959 abgeschlossen wurde, ein Fußballmatch statt. Bis zu 90 000 Zuschauer haben hier Platz. Die Aufstockung um einen dritten Rang und die Installation einer Flutlichtanlage waren die wichtigsten Neuerungen beim Umbau. Geplant wurde die Errichtung eines großen Wiener Stadions bereits 1915. Schließlich fiel 1929 seitens des Wiener Gemeinderates der Beschluss zum Bau im Prater. Am 11. Juni 1931 eröffnete das Praterstadion – und mit ihm eine Radrennbahn und das Stadion-bad – im Zuge der Arbeiterolympiade. Doch wirklich bekannt wurde das Praterstadion als Hochburg des Wunderteams: Die österreichische National-mannschaft der 1930er-Jahre feierte im Praterstadion ihre größten Erfolge.

Ernst Happel Stadium
1961 A football match at the newly renovated Prater Stadium, which can house up to 90,000 spectators. The original Prater Stadium opened in 1931 and boasted a cycle race track and a pool.

Vernichtende Siege und schmerzhafte Niederlagen Im September 1931 vernichtete die österreichische Mannschaft das deutsche Team mit einem 5 : 0-Sieg. Zahlreiche weitere Siege und einige bittere Niederlagen folgten. 1984 musste das Stadion saniert werden: Der Zuschauerraum erhielt ein Dach, die Fluchtlichtanlage wurde erneuert. Im Eröffnungsspiel 1989 schlug Österreich wieder Deutschland, dieses Mal mit einem 4 : 1. Erst 1993 erhielt das Praterstadion seinen heutigen Namen Ernst-Happel-Stadion. Ernst Happel (1925–1992) war Spieler und später Trainer der österreichischen National-mannschaft. 2008 bekam das Stadion für die Europameisterschaft weitere Sitzplätze, ein neues Mediencenter, eine Rasenheizung und eine direkte U-Bahn-Anbindung. Österreich schied allerdings bereits im Achtelfinale gegen den „Erzfeind" Deutschland aus, die das Finale in Wien gegen den späteren Europameister Spanien bestritten.

Triumphant Victories and Devastating Defeats The Stadium saw both incredible wins and painful losses over the years. In 1993, the Prater Stadium was renamed Ernst-Happel Stadium after Ernst Happel, first player and then coach of the Austrian National Football Team. In 2008, the Stadium was equipped with additional seating, a new media centre, underfloor heating, and a direct tube connection in preparation for the European Cup. Unfortunately, Austria did not reach the quarter finals, losing against arch enemy Germany who then played Spain but lost the European Champion title to the Iberian team.

Register

Bildnachweis

Für die Bereitstellung von Bildmaterial zur Verwendung in diesem Buch dankt der Verlag der Bildagentur picture alliance.

pa•picture alliance

Umschlagabbildungen picture-alliance/akg-images, picture-alliance/Pressefoto Ulmer/Andreas Schaad **Seite 2** picture-alliance/Bildagentur Huber/Colin Dutton **6** picture-alliance/Keystone/Gaetan Bally **8** picture-alliance/Bildagentur Huber/Leimer **10/11o** picture-alliance/akg-images **10/11u** picture-alliance/Imagno/Gerhard Trumler **12** picture-alliance/dpa/Votava **13** picture-alliance/chromorange **14/15** picture-alliance/dpa/Votava **16/17** picture-alliance/dpa/Votava **18** picture-alliance/akg-images **19** picture-alliance/chromorange **20** picture-alliance/Imagno/Carl Schütz **21** picture-alliance/allOver/Karl Thomas **22/23o** picture-alliance/dpa/Votava **23u** picture-alliance/APA/Mayr Elke/Wirtschaftsblatt **24** picture-alliance/Imagno **25** picture-alliance/dpa/Votava **26** picture-alliance/Imagno **27o** picture-alliance/dpa **27u** picture-alliance/dpa/Mark Read **28** picture-alliance/akg-images **29** picture-alliance/Bandphoto Agency **30** picture-alliance/Imagno **31** picture-alliance/Helga Lade/M. Laemmerer **32** picture-alliance/akg-images **33o** picture-alliance/Imagno **33u** picture-alliance/dpa/Votava **34l** picture-alliance/Imagno **34r** picture-alliance/Imagno/Schost **35** picture-alliance/Imagno/Fritz Simak **36** picture-alliance/akg-images **37** picture-alliance/akg-images/Hervé Champollion **38** picture-alliance/akg-images **39** picture-alliance/Bandphoto Agency **41o** picture-alliance/akg-images **41u** picture-alliance/Pressefoto Ulmer/Andreas Schaad **42** picture-alliance/Imagno **43** picture-alliance/Imagno/Alexander Koller **44** picture-alliance/akg-images **45** picture-alliance/dpa/Votava **46** picture-alliance/dpa/Votava **47** picture-alliance/chromorange **48** picture-alliance/Imagno **49** picture-alliance/KPA/Hackenberg **51o** picture-alliance/akg-images **51u** picture-alliance/APA/Draper Martina/Wirtschaftsblatt **52** picture-alliance/akg-images **53** picture-alliance/Okapia/Karl Thomas **54** picture-alliance/Imagno **55** picture-alliance/chromorange **56** picture-alliance/dpa/Votava **57** picture-alliance/Keystone/Gaetan Bally **58** picture-alliance/akg-images/Erich Lessing **59** picture-alliance/chromorange/Bildagentur Waldhäusl **60** picture-alliance/Imagno **62** picture-alliance/akg-images **63** picture-alliance/KPA/Hackenberg **65o** picture-alliance/Imagno **65u** picture-alliance/APA/Wilfried Gredler-Oxenbauer **66** picture-alliance/dpa/Votava **67** picture-alliance/dpa/Robert Newald **68** picture-alliance/Imagno **69** picture-alliance/KPA/Hackenberg **70/71o** picture-alliance/Imagno **71u** picture-alliance/dpa/Jörg Schmitt **72** picture-alliance/Imagno/Barbara Pflaum **73** picture-alliance/akg-images/Janos Kalmar **74** picture-alliance/Imagno/Emil Mayer **75** picture-alliance/Okapia/Karl Thomas **76** picture-alliance/akg-images **77** picture-alliance/dpaweb/Votava **78** picture-alliance/Imagno/Emil Mayer **79** picture-alliance/KPA/Hackenberg **80** picture-alliance/Imagno **81** picture-alliance/Helga Lade/Rainer Binder **82** picture-alliance/Imagno/Hermann Drawe **83** picture-alliance/APA/Formanek **84** picture-alliance/Imagno **85** picture-alliance/Bildagentur Huber/R. Schmid **86/87** picture-alliance/dpa/Votava **88** picture-alliance/Imagno/Bruno Reiffenstein **89** picture-alliance/chromorange **90** picture-alliance/Imagno **91** picture-alliance/dpaweb/APA/Harald Schneider **92** picture-alliance/dpa/Votava **93** picture-alliance/APA/Herbert Pfarrhofer **94** picture-alliance/dpa/Votava **95** picture-alliance/APA/Robert Newald **96/97o** picture-alliance/Imagno/Emil Mayer **97u** picture-alliance/KPA/Hackenberg **98** picture-alliance/Imagno **99** picture-alliance/Bloomberg News/Landov **100** picture-alliance/Imagno/Emil Mayer **101** picture-alliance/dpa/Votava **102** picture-alliance/Imagno **104** picture-alliance/Imagno **105** picture-alliance/dpa/Votava **106/107** picture-alliance/Imagno **107** picture-alliance/dpa/Votava **108** picture-alliance/dpa **109** picture-alliance/chromorange **110** picture-alliance/dpa/Votava **111** picture-alliance/Bandphoto Agency **112** picture-alliance/dpa/Votava **113** picture-alliance/Keystone/Gaetan Bally **115o** picture-alliance/akg-images **115u** picture-alliance/KPA/Aqilua **116** picture-alliance/Imagno **117** picture-alliance/KPA/Hackenberg **118** picture-alliance/dpa **119** picture-alliance/akg-images/Hervé Champollion **120** picture-alliance/Imagno **121o** picture-alliance/akg-images **121u** picture-alliance/ KPA/Hackenberg **122** picture-alliance/dpa/Votava **123** picture-alliance/KPA/Hackenberg **124** picture-alliance/APA **125** picture-alliance/APA/Barbara Gindl **126** picture-alliance/akg-images **127** picture-alliance/Imagno/Alexander Koller **128** picture-alliance/dpa/Votava **129** picture-alliance/Bildagentur Huber/Gräfenhain **130** picture-alliance/Imagno **131** picture-alliance/KPA/Hackenberg **132** picture-alliance/APA/Barbara Gindl **134** picture-alliance/dpa **135** picture-alliance/akg-images/Hervé Champollion **136lo/136ru** picture-alliance/dpa/Votava **136ro** picture-alliance/dpa/Roland Scheidemann **137** picture-alliance/dpaweb/Günter R. Artinger **138** picture-alliance/Imagno **139** picture-alliance/dpa/Votava **140** picture-alliance/Imagno/Carl Schütz **141** picture-alliance/APA/Herbert P. Oczeret **142** picture-alliance/akg-images **143** picture-alliance/dpa/Votava **144** picture-alliance/Imagno/Barbara Pflaum **145** picture-alliance/APA/Hans Klaus Techt **146** picture-alliance/akg-images **147o** picture-alliance/APA/Herbert Pfarrhofer **147u** picture-alliance/APA/Ulrich Schnarr **148** picture-alliance/Imagno/Barbara Pflaum **149** picture-alliance/Keystone/Gaetan Bally **150/151** picture-alliance/dpa/Votava **152** picture-alliance/dpa/Votava **153** picture-alliance/APA/Helmut Fohrringer **154** picture-lliance/Imagno/Barbara Pflaum **155** picture-alliance/dpa/Bert Reisfeld **156** picture-alliance/Imagno/Barbara Pflaum **157** picture-alliance/dpa/Mike Egerton

Verlag und Redaktion bedanken sich ganz besonders bei Ellen Hansmann für die unermüdliche Unterstützung bei der Bildredaktion zu diesem Buch.